Informatik-Fachberichte

Herausgegeben von W. Brauer
im Auftrag der Gesellschaft für Informatik (GI)

14

Datenbanken in Rechnernetzen mit Kleinrechnern

GI-Fachtagung mit Unterstützung durch das
German Chapter der ACM, 11./12. April 1978,
Kernforschungszentrum Karlsruhe

Herausgegeben von W. Stucky und E. Holler

Springer-Verlag
Berlin Heidelberg New York 1978

Informatik – Fachberichte

Band 1: Programmiersprachen. GI-Fachtagung 1976. Herausgegeben von
H.-J. Schneider und M. Nagl. VI, 270 Seiten. 1976

Band 2: Betrieb von Rechenzentren. Workshop der Gesellschaft für
Informatik 1975. Herausgegeben von A. Schreiner. VII, 283 Seiten. 1976

Band 3: Rechnernetze und Datenfernverarbeitung. Fachtagung der GI und
NTG 1976. Herausgegeben von D. Haupt und H. Petersen. VI, 309 Seiten. 1976

Band 4: Computer Architecture. Workshop of the Gesellschaft für Informatik 1975.
Edited by W. Händler. VIII, 382 pages. 1976

Band 5: GI – 6. Jahrestagung. Proceedings 1976. Herausgegeben von
E. J. Neuhold. X, 474 Seiten. 1976.

Band 6: B. Schmidt, GPSS-FORTRAN. Einführung in die Simulation diskreter
Systeme mit Hilfe eines FORTRAN-Programmpaketes. IX, 298 Seiten. 1977.

Band 7: GMR–GI–GfK. Fachtagung Prozessrechner 1977. Herausgegeben von
G. Schmidt. XIII, 524 Seiten. 1977.

Band 8: Digitale Bildverarbeitung/Digital Image Processing. GI/NTG Fachtagung,
München, März 1977. Herausgegeben von H.-H. Nagel. XI, 328 Seiten. 1977.

Band 9: Modelle für Rechensysteme. Workshop 1977. Herausgegeben von
P. P. Spies. VI, 297 Seiten. 1977.

Band 10: GI – 7. Jahrestagung. Proceedings 1977. Herausgegeben von H. J. Schneider.
IX, 214 Seiten. 1977.

Band 11: Methoden der Informatik für Rechnerunterstütztes Entwerfen und
Konstruieren, GI-Fachtagung, München, 1977. Herausgegeben von R. Gnatz und
K. Samelson. VIII, 327 Seiten. 1977.

Band 12: Programmiersprachen. 5. Fachtagung der GI, Braunschweig, 1978.
Herausgegeben von Klaus Alber. VI, 179 Seiten. 1978.

Band 13: W. Steinmüller, L. Ermer, W. Schimmel: Datenschutz bei riskanten Systemen.
X, 244 Seiten. 1978.

Band 14: Datenbanken in Rechnernetzen mit Kleinrechnern. Fachtagung der GI,
Karlsruhe, 1978. Herausgegeben von W. Stucky und E. Holler. X, 198 Seiten. 1978.

Herausgeber

Prof. Dr. Wolffried Stucky
Institut für Angewandte Informatik
und Formale Beschreibungsverfahren
der Universität Karlsruhe
Postfach 6380
7500 Karlsruhe 1

Dr. Elmar Holler
Kernforschungszentrum Karlsruhe
Institut für Datenverarbeitung
in der Technik
Postfach 3640
7500 Karlsruhe 1

AMS Subject Classifications (1970): 68-02, 68A50
CR Subject Classifications (1974): 4.33, 3.53, 6.20

ISBN-13: 978-3-540-08775-5   e-ISBN-13: 978-3-642-95321-7
DOI: 10.1007/978-3-642-95321-7

VORWORT / PREFACE

Der Stand der Technologie im Hardware- und Softwarebereich schafft
zunehmend Möglichkeiten, Rechnerleistung zu dezentralisieren. Dem-
entsprechend gelangt die Datenhaltung in Rechnernetzen, insbesondere
unter Einbeziehung von Kleinrechnern, in den Mittelpunkt des Inter-
esses für Anwender aus den verschiedensten Bereichen.

Existierende pragmatische Ansätze zur Lösung der mit der Datenhaltung in verteilten DV-Systemen verbundenen Probleme dürfen nicht
darüber hinwegtäuschen, daß es sich bei dem angesprochenen Fachge-
biet um technologisches Neuland handelt. Etwa ab Mitte der 70er
Jahre wurden mit der Untersuchung einzelner methodischer Aspekte
erste zaghafte Schritte zur Entwicklung eines klaren Systemverständnisses unternommen, welches als Grundlage für eine systematische
Vorgehensweise bei der Erstellung von Datenverwaltungssystemen für
Rechnernetze notwendig ist.

Mittlerweile gehören Begriffe wie "Verteilte Datenbanken" und "remote
data access" zur Terminologie zumindest der Fachleute, die sich mit
verteilten DV-Systemen befassen; die Entwicklung methodischer Vor-
gehensweisen bei der Konzipierung derartiger Systeme für Rechnernetze ist jedoch keineswegs abgeschlossen.

Die Fachtagung "Datenbanken in Rechnernetzen mit Kleinrechnern", als
erste Tagung auf diesem Gebiet im deutschsprachigen Raum gewisser-
maßen eine Pionierleistung, soll durch einen Austausch von Erkennt-
nissen und Erfahrungen aus ersten Implementierungen und von For-
schungs- und Entwicklungsergebnissen einen Überblick über den Stand
der Technik vermitteln und zu einem Schritt weiter in Richtung
eines klaren Systemverständnisses führen. Dies geschieht durch insgesamt 13 Beiträge aus den Bereichen Systemarchitektur, Theorie und
Anwendungen, die durch eine Podiumsdiskussion zum Thema "Verteilte
Datenbanken - Pro und Contra" abgerundet werden. Die Podiumsdiskussion verfolgt dabei das Ziel, die technologischen Möglichkeiten
und den Trend einschlägiger Forschungs- und Entwicklungsarbeiten
einerseits und die Anforderungen der Anwender andererseits kritisch
zu durchleuchten.

Mit 24 eingereichten Beiträgen war die Resonanz auf die mit der Tagung verbundene Themenstellung erstaunlich groß, vor allem wenn man die im Vergleich zu den USA und den anderen EG-Ländern geringe Zahl an Forschungs- und Entwicklungsaktivitäten auf diesem Gebiet in der Bundesrepublik berücksichtigt.

Den Autoren, den Mitgliedern des Programmausschusses und den Rezensenten, der Organisations- und Tagungsleitung und allen anderen Beteiligten sei an dieser Stelle für ihre Mitwirkung am Zustandekommen und Gelingen dieser Tagung gedankt.

Karlsruhe, April 1978   Die Herausgeber

PROGRAMMAUSSCHUSS / PROGRAM COMMITTEE

    W. Stucky (Vorsitzender), Karlsruhe
    M. Domke, St. Augustin
    W. Giere, Frankfurt
    E. Holler, Karlsruhe
    D. Krönig, Konstanz
    E. J. Neuhold, Stuttgart
    H. Noltemeier, Göttingen
    H. J. Schneider, Berlin
    J. C. W. Schröder, Darmstadt

TAGUNGSLEITUNG / CONFERENCE CHAIRMAN

    P. Lockemann, Karlsruhe

ORGANISATION / ORGANIZATION

    O. Drobnik, Karlsruhe

Der Programmausschuß wurde bei der Auswahl der Vorträge
durch Rezensionen folgender Damen und Herren unterstützt:

    R. Bayer, München
    H. Biller, Stuttgart
    P. M. Czaikowski, Frankfurt
    J. Encarnacao, Darmstadt
    G. Färber, München
    K. Gregor, St. Augustin
    W. Hahn, Neubiberg
    T. Härder, Darmstadt
    K. Lautenbach, St. Augustin
    H.-H. Nagel, Hamburg
    K. Priebe, Darmstadt
    E. Raubold, Darmstadt
    G. Schlageter, Karlsruhe
    H. A. Schmid, Böblingen
    H. Schmutz, Heidelberg
    C. Segebarth, St. Augustin
    G. Stiege, Braunschweig
    J. Szlachta, Konstanz
    H. Trauboth, Karlsruhe
    H. Weber, Berlin
    E. Wilde, Augsburg
    G. Wurch, St. Augustin

TEILNEHMER DER PODIUMSDISKUSSION

A. Blaser   IBM Deutschland GmbH, Wiss. Zentrum Hei-
                           delberg, Tiergartenstraße 15,
                           6900 Heidelberg

W. Giere   Abteilung für Dokumentation und DV,
                           Klinikum der Universität Frankfurt,
                           Theodor-Stern-Kai 7, 6000 Frankfurt 70

E. Holler   Kernforschungszentrum Karlsruhe, Institut
                           für Datenverarbeitung in der Technik,
                           Postfach 3640, 7500 Karlsruhe 1

H. Klimesch   Bayerische Staatskanzlei, Abteilung Daten-
                           verarbeitung, Postfach 302, 8000 München 22

A. Pott   Thyssen Niederrhein AG, Essener Straße,
                           4200 Oberhausen

J.C.W. Schröder   DATEL GmbH - danet, Bartningstraße 55,
(Diskussionsleiter)   6100 Darmstadt

DIE TAGUNG WURDE UNTERSTÜTZT DURCH

Burroughs GmbH, Eschborn
Kernforschungszentrum Karlsruhe
Kienzle Apparate GmbH, Villingen-Schwenningen
Nixdorf Computer AG, Paderborn
Philips Data Systems GmbH, Siegen

INHALTSVERZEICHNIS / CONTENTS

ARCHITEKTUR

THEORIE

ANWENDUNG

<u>DISCO: EIN DATENBANKKONZEPT FÜR KLEINRECHNERNETZE AUF</u>

<u>DER BASIS EINES VERTEILTEN DATEIVERWALTUNGSSYSTEMS</u>[+]

C. Keil, H. Breitwieser, E. Holler

Kernforschungszentrum Karlsruhe
Institut für Datenverarbeitung in der Technik
7500 Karlsruhe, Postfach 3640
Bundesrepublik Deutschland

1. <u>Einleitung</u>

Der im DISCO-Projekt (<u>Di</u>stributed Database System for <u>S</u>mall <u>C</u>omputers)
verfolgte Ansatz sieht als Basis eines auf einem heterogenen Kleinrechnernetz zu installierenden verteilten Datenbanksystems ein verteiltes Dateiverwaltungssystem vor.

Die Vorzüge dieses Ansatzes werden im vorliegenden Bericht anhand
einer am ANSI/X3/SPARC-Vorschlag/ANS1/ orientierten Analyse dargelegt. Die als logische Dateiebene bezeichnete Schnittstelle des verteilten Dateiverwaltungssystems wird näher erläutert. Dabei steht die
Diskussion der Verteilung von Daten im Vordergrund.

Wie ein verteiltes Datenbanksystem auf dieser logischen Dateiebene
realisiert werden kann, wird exemplarisch am Beispiel eines relationalen Datenbanksystems erörtert. Dabei konzentriert sich das Interesse auf die spezifischen Verteilungsaspekte, speziell bei der Verteilung von Daten. Wesentliche Verteilungsaspekte werden in das Rela-
tionenmodell /COD1/ integriert.

[+] Dieser Beitrag entstand im Rahmen des Projekts DISCO, das teilweise mit Mitteln des Bundesministeriums für Forschung und Technologie (Kennzeichen DV 4908-081-5610) gefördert wird.

2. Architekturkonzept

2.1 Einbettung der Verteilungsaspekte in den ANSI/X3/SPARC-Vorschlag

Der aus Standardisierungsbemühungen für Datenbankarchitekturen abge-
leitete und mittlerweile allgemein akzeptierte ANSI/X3/SPARC-Vor-
schlag sieht eine schichtenförmige Aufgliederung eines Datenbanksystems in die Ebene der externen Modelle, des konzeptionellen Modells,
des internen Modells und des Datei-Modells vor.

Bei der Verteilung von Datenbanken in einem Rechnernetz müssen folgende verteilungsspezifische Aufgaben gelöst werden (vgl./DRO1, PEE1,
SCH1, SCH2, SPT1, STN1/):

- Führung der Information zur Lokalisierung von Daten im Rechnernetz,
- Verfügbarmachung aller Daten im Rechnernetz,
- Zwischenspeicherung von Daten,
- dynamische Verteilung von Transaktionen,
- koordinierte Überwachung der Transaktionsausführungen,
- Konversion heterogener Schnittstellen.

Voraussetzung für die Lösung dieser Aufgaben ist das Vorhandensein
von entsprechenden Kommunikationsmöglichkeiten zwischen den einzelnen Rechnern.

Die Einbettung dieser Verteilungsaspekte in den ANSI/X3/SPARC-Vor-
schlag führt in Abhängigkeit von der Ebene, auf der sie berücksichtigt werden, zu unterschiedlichen Architekturkonzepten für verteilte
Datenbanken. Zur Bewertung der Architekturvarianten können folgende
Kriterien herangezogen werden:

- Integration der lokalen, d.h. den einzelnen Rechnern zugeordneten
  Datenbasen zu einer globalen Datenbasis:
  Eine solche Integration ist aus zwei Gründen anzustreben. Einerseits soll den Benutzern eines verteilten Datenbanksystems eine Ge-
  samtsicht der lokalen Datenbasen zur Verfügung stehen, die eine
  einfache, einheitliche Manipulation erlaubt. Darüberhinaus soll
  die Kontrolle der Manipulationen an den Datenbeständen nicht nur
  isoliert auf die lokalen Datenbasen beschränkt, sondern auch auf
  deren wechselseitige Beziehungen ausgedehnt werden.

- Minimierung des Aufwandes für die Anpassung heterogener Datenbankschnittstellen:
  Die einheitliche Manipulation einer globalen Datenbasis und die

sich daraus ergebende Notwendigkeit zum Austausch von Daten
zwischen Datenbasen verschiedener Rechner erfordert Mechanismen
zur Konversion von Daten und Datenmanipulations-/ Datendefini-
tionssprachen. In Kleinrechnernetzen sollten diese Konversionen
aus Effizienzgründen auf ein Mindestmaß beschränkt und ggf. auf
spezielle Prozessoren verlagert werden.

- <u>Übernahme von konventionellen Datenbanktechniken:</u>

Eine Architektur verteilter Datenbanken sollte konsequent auf
bekannten und für konventionelle nicht verteilte Datenbanksysteme bewährten Architekturkonzepten, Datenmodellen und Zugriffs-
methoden aufbauen. Im Idealfall kann dies die direkte Einbeziehung existierender konventioneller Datenbanksysteme in ein verteiltes Datenbanksystem bedeuten.

- <u>Portabilität:</u>

Die Komponenten des verteilten Datenbanksystems müssen so realisiert werden, daß sie auch auf unterschiedliche, heterogene Rechner übertragbar sind; dabei sind insbesondere mögliche Erweiterungen des zugrundeliegenden Rechnernetzes um zusätzliche Rechner zu berücksichtigen.

- <u>Vermeidung architekturbedingter Systemredundanz:</u>

Infolge der bei Kleinrechnern zu berücksichtigenden Leistungsbe-
grenzung insbesondere bzgl. der Hauptspeicherkapazität sollen in
einer schichtenförmigen Architektur eines verteilten Datenbanksystems den verschiedenen Schichten nicht identische Aufgaben
zugeordnet werden; das bedeutet, daß z.B. die Komponenten zur
Überwachung der Datenbasisintegrität anhand vorgegebener Integritätsbedingungen nur in einer einzigen Schicht angesiedelt
werden sollten.

Das im DISCO-Projekt verfolgte, auf einem verteilten Dateiverwaltungssystem beruhende Architekturkonzept erfüllt, wie im folgenden gezeigt wird, die oben aufgestellten Kriterien weitgehend.

2.2 <u>Verteilung auf der Datei-Modell-Ebene</u>

Verlagert man die verteilungsspezifischen Aufgaben auf die Datei-
Modell-Ebene, so erhält man ein Architekturkonzept für ein verteiltes
Datenbanksystem, das auf einer <u>globalen Dateiverwaltungsschnittstelle</u>
beruht (Bild 1).

In diesem Architekturkonzept wird die Integration lokaler Datenbasen
zu einer globalen Datenbasis auf Dateiebene vollzogen. Verteilungs-
objekte sind Dateien und Sätze. Die verteilungsspezifischen Aufgaben
werden vom Benutzer der globalen Dateiverwaltungsschnittstelle abge-
schirmt.

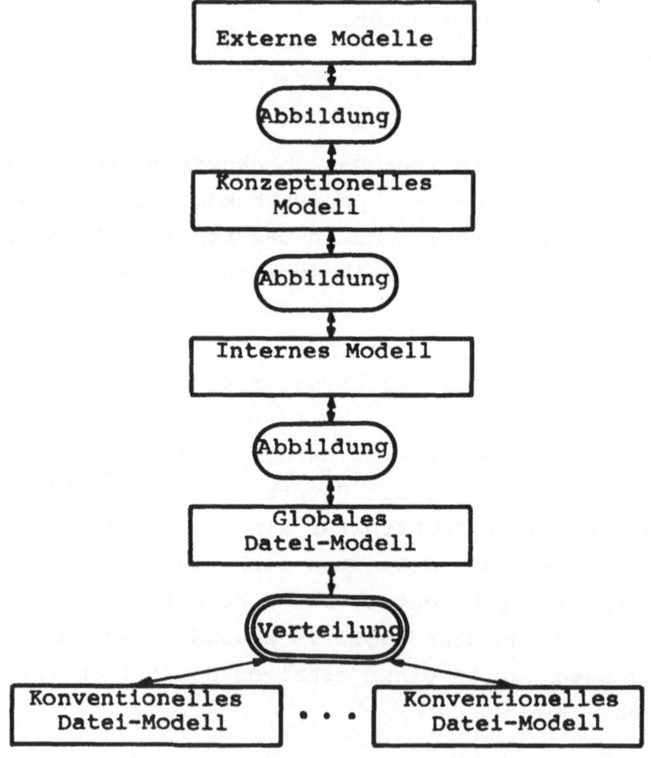

<u>Bild 1:</u> Aus dem ANSI/X3/SPARC-Vorschlag abgeleitetes Architekturkon-
zept für ein verteiltes Datenbanksystem auf der Basis eines
verteilten Dateiverwaltungssystems.

Für eine Integration lokaler Datenbasen auf Dateiebene können zwei
Gründe angeführt werden:

- In die Überlegungen bzgl. der Abspeicherung von Dateien lassen
  sich sämtliche im Rechnernetz vorhandenen Peripheriespeicher ein-
  beziehen. Insbesondere können zur Optimierung der peripheren Zugriffe die in konventionellen Dateiverwaltungssystemen gezielt
  steuerbaren Beziehungen abgespeicherter Dateien (z.B. Dateien im
  selben Zylinder, Dateien auf verschiedenen Datenträgern) leicht
  auf eine verteilte Umgebung erweitert werden (z.B. Dateien auf
  Datenträgern verschiedener Rechner, Dateien auf Datenträgern "be-
  nachbarter" Rechner).

- Die Auflösung von Überlaufsituationen auf einzelnen Rechnern durch
  ein Ausweichen auf andere Rechner erfordert eine globale Verwaltung der Peripheriespeicher, die nach dem ANSI/X3/SPARC-Vorschlag
  der Datei-Ebene zuzuschlagen ist.

Bei der in Bild 1 skizzierten Architektur eines verteilten Datenbanksystems haben alle Ebenen, die oberhalb der globalen Datei-Ebene angeordnet sind, selbst globale Bedeutung. Dies hat Auswirkungen auf
das Ausmaß der Integration der Datenbasen der verschiedenen Rechner:

Ein __globales internes Modell__ dehnt die Integration aller Datenbasen
zu einer globalen Datenbasis auch auf Zugriffspfade aus. Die Notwendigkeit der Einführung globaler Zugriffspfade soll anhand eines Beispiels begründet werden.

Bsp. 1: In einem relationalen Datenbanksystem selektieren verschiedene Benutzer an unterschiedlichen Rechnern Tupel derselben, beliebig verteilten Relation jeweils über unterschiedliche Attribute.
  Zur Zugriffsbeschleunigung seien für diese Attribute invertierte
  Dateien eingerichtet. Deren Ablage ist nicht an die Ablage der zugehörigen Relationen gekoppelt; zu einer weiteren Zugriffsoptimierung können vielmehr die von den einzelnen Benutzern benötigten
  invertierten Dateien jeweils auf deren Anfragerechner abgelegt
  werden.

Für das INPOL-System /KAR1/ wurde aus ähnlichen Überlegungen heraus
die Kopienbildung invertierter Dateien und deren, von den zugehörigen Primärdaten unabhängige Ablage in Erwägung gezogen.

Zugriffspfade können also selbst beliebig verteilt und kopiert werden.
Für den allgemeinen Fall muß hierzu ein Konzept zur rechnernetzweiten
Verzeigerung vorausgesetzt werden.

Zusammenfassend kann man feststellen, daß bei Einführung eines globalen internen Modells eine Zugriffsoptimierung zusätzlich durch eine
entsprechende Verteilung von Zugriffspfaden durchgeführt werden kann.
Die entkoppelte Ablage von Primärdaten und Zugriffspfaden (bzw.
deren Kopien) auf unterschiedlichen Rechnern führt jedoch bei Änderungen zu zusätzlichem Kommunikationsaufwand.

Ein <u>globales konzeptionelles Modell</u> verwirklicht eine einheitliche
"logische" Sicht aller Datenbasen. Verknüpfungen zwischen Daten verschiedener Datenbasen, z.B. zur Spezifikation globaler Integritäts-
und Datenschutzbedingungen, können formuliert, unkontrollierte Redundanzen zwischen Datenbasen verschiedener Rechner, die zu Konsistenz-
verletzungen führen können, vermieden werden. Die Verteilung der Daten kann -unter Berücksichtigung des Aufwandes für die Einhaltung solcher Bedingungen- auch unter dem Aspekt der Minimierung dieses Aufwandes vorgenommen werden.

<u>Globale externe Modelle</u> erlauben Benutzersichten, die sich auf Da-
tenbasen verschiedener Rechner beziehen können. Sie bieten insbesondere den Benutzern Schnittstellen an, die sie von den weiter oben
genannten verteilungsspezifischen Aufgaben befreien.

Die Anpassung heterogener Datenbankschnittstellen wird bei dem ge-
wählten Ansatz reduziert auf die Anpassung der Dateiverwaltungen. Speziell bei einem auf Kleinrechnern basierenden Rechnernetz ist der Aufwand für die erforderlichen Konversionen relativ gering, da die meisten Kleinrechner mit Dateiverwaltungssystemen vergleichbarer Leistungsfähigkeit ausgestattet sind.

Auf die globale Dateiverwaltungsschnittstelle können zwar, wie in
Bild 1 gezeigt, in konventioneller Technik die übrigen Ebenen eines
Datenbanksystems aufgesetzt werden. Geklärt werden müssen jedoch noch
die Probleme bzgl. der Verteilung und des Zusammenspiels der funktionellen Komponenten der Schichten des Datenbanksystems und die Probleme bzgl.der Verteilung der Schemata, die die Beschreibungen der
Ebenen und der Abbildungen enthalten.

Erklärt man die globale Dateiverwaltungsschnittstelle zum Standard,
so wird damit die Forderung nach Portabilität weitgehend erfüllt.
Die Erweiterung des Rechnernetzes um zusätzliche Rechner wird durch
die Einbeziehung der vorhandenen lokalen Dateiverwaltungssysteme in
das verteilte Dateiverwaltungssystem erleichtert.

Eine Reihe weiterer Architekturkonzepte für verteilte Datenbanksysteme
gewinnt man, wenn man den gemäß Bild 1 auf der Ebene der konventionellen Dateimodelle angesiedelten Verteilungsmechanismus schrittweise
auf die "höheren" Ebenen (internes Modell, konzeptionelles Modell,
externes Modell) verlagert. Diese alternativen Konzepte berücksichtigen, wie in /KEH1/ gezeigt wird, die in 2.1 aufgestellten Kriterien
in unterschiedlichem Ausmaß. Die meisten bisher in der Literatur verfolgten Ansätze für verteilte Datenbanksysteme lassen sich einem dieser Architekturkonzepte zuordnen /CHA1, KAR1, LAC1, NBC1, PEE1, SCH1,
SCH2, SPT1, STN1/.

Ein Nachteil dieser Architekturkonzepte besteht in der mangelnden Integration der beteiligten Datenbasen. In /ADD1, GAL1, GJP1/ werden
Architekturkonzepte, die den Zusammenschluß existierender konventioneller Datenbanksysteme zu einem verteilten Datenbanksystem zum Ziel
haben, mit zusätzlichen globalen Ebenen entwickelt, auf denen globale
Integritätsbedingungen und Zugriffspfade spezifiziert werden können.
Eine solche Vorgehensweise erfordert, im Gegensatz zu dem im DISCO-
Projekt verfolgten Ansatz, redundante Systembausteine und ist daher
für Kleinrechnernetze nicht mit adäquatem Aufwand realisierbar.

3.   Verteiltes Dateiverwaltungssystem

3.1 Entwurfsziele

Das verteilte Dateiverwaltungssystem sollte mit vertretbarem Aufwand
auf einem aus heterogenen Kleinrechnern aufgebauten Rechnernetz realisierbar sein. Leistungsfähigkeit und Komfort des verteilten Dateiverwaltungssystems haben sich deshalb an den Möglichkeiten der für
Kleinrechner angebotenen Dateiverwaltungssysteme zu orientieren, nicht
zuletzt auch, um den Aufwand für die Anpassung der Dateiverwaltungssysteme an das verteilte Dateiverwaltungssystem minimal zu halten, so

daß Portabilität bzgl. Erweiterungen des Rechnernetzes um zusätzliche
Rechner gewährleistet ist.

Die wesentlichsten verteilungsspezifischen Eigenschaften, die das verteilte Dateiverwaltungssystem erfüllen muß, sind:

- Daten sollen beliebig im Rechnernetz verteilbar sein.
- Von jedem Rechner des Rechnernetzes soll ein Zugriff zu allen Daten des Systems möglich sein, ohne daß Kenntnis über die aktuelle
  Verteilung der Daten vorhanden sein muß (Verteilungstransparenz).
- Es soll eine hohe Zugriffsparallelität auf der verteilten Datenbasis unterstützt werden. Die dabei gefährdete operationale Integrität /DRO1/ muß gewährleistet werden.
- Mechanismen müssen zur Verfügung gestellt werden, die gezielt für
  bestimmte Datenbestände eine hohe Zuverlässigkeit und Verfügbarkeit garantieren. Dies impliziert, daß das verteilte Dateiverwaltungssystem selbst in hohem Maße zuverlässig und verfügbar ist,
  was z.B. eine dezentrale, redundante Auslegung des Katalogsystems
  oder des Sperrsystems erfordert.

Im Rahmen des DISCO-Projekts wurde eine Architektur für ein verteiltes Dateiverwaltungssystem mit den genannten Eigenschaften entwickelt
/BDK1/. Die oberste Ebene dieser Architektur, die als logische Dateiebene bezeichnet wird, wird im folgenden vorgestellt. Die Möglichkeiten zur Steuerung der Verteilung von Daten stehen dabei im
Vordergrund.

3.2   Logische Dateiebene

Objekte der logischen Dateiebene entstammen zwei Dateitypen:

- B(Basis)-Dateien,
- Z(Zugriffspfad)-Dateien.

Eine B-Datei ist ein über einen symbolischen Namen im Rechnernetz
eindeutig identifizierbares Objekt. Sie kann beliebig viele bitstrukturierte Sätze fester Länge enthalten. Die Sätze können direkt über
vom System vergebene Satznummeridentifikationen oder sequentiell über
einen Cursor referenziert werden. Bei sequentieller Betriebsweise
ist über ein Blockkonzept eine automatische vorausschauende Puffe-

rung möglich.

Eine _Z-Datei_ ist ebenso wie eine B-Datei über einen symbolischen Namen eindeutig im gesamten Rechnernetz identifizierbar. Sie kann beliebig viele Sätze variabler Länge umfassen, auf die direkt oder sequentiell über einen Schlüssel zugegriffen werden kann. Der Schlüssel besitzt feste Länge und muß für alle Sätze einer Z-Datei an einer fest vereinbarten Stelle relativ zum Satzanfang stehen. Der Schlüssel definiert eine sequentielle Ordnung, wenn er als vorzeichenlose Dualzahl interpretiert wird. Diese Ordnung wird für die sequentielle Zugriffsorganisation verwendet; sie ermöglicht eine automatische vorausschauende Pufferung über ein Blockkonzept.

Jede B-Datei kann in _Cluster_ aufgeteilt sein. Jeder Satz einer so strukturierten B-Datei kann genau einem Cluster zugeordnet werden. Über die Cluster kann demnach eine disjunkte Aufteilung der Sätze einer B-Datei definiert werden. B-Dateien, die nicht in Cluster unterteilt werden sollen, und Z-Dateien können als in ein einziges Cluster aufgeteilt aufgefaßt werden, so daß im folgenden keine Fallunterscheidung notwendig ist zwischen Dateien, die in Cluster aufgeteilt sind und Dateien, die nicht in Cluster aufgeteilt sind.

Innerhalb eines Clusters kann wiederum eine sequentielle und eine direkte Zugriffsorganisation aufgebaut werden, so daß Sätze auf zweierlei Art referenzierbar sind:

- über die direkte/sequentielle Zugriffsorganisation der umfassenden Datei,
- über die direkte/sequentielle Zugriffsorganisation des umfassenden Clusters.

Es ist denkbar, den Clusterbegriff auch für eine Zugriffsbeschränkung bestimmter Benutzer zu verwenden. Der eigentliche Sinn des Clusterbegriffs besteht jedoch darin, daß Cluster Objekte der Verteilung sind. Dies wird im folgenden dargelegt.

3.3 Steuerung der Verteilung

Die Verteilung von Daten wird über deren Zuordnung zu _Benutzergruppen_ gesteuert. Eine Benutzergruppe wird aus einem aufgabenorientierten Blickwinkel definiert: alle Benutzer, die an derselben Aufgabe partizipieren, werden zu einer Benutzergruppe zusammengefaßt; die für die Aufgabe benötigten Daten können dieser Benutzergruppe zugeordnet werden. Daraus folgt, daß es möglich sein muß, für verschiedene Aufgaben benötigte Daten mehreren Benutzergruppen zuzuordnen. Die Verteilung von Daten auf Benutzergruppen ist also nicht disjunkt. Die Kopplung von Daten und Benutzergruppen wird als relativ invariant angesehen.

Benutzergruppen werden ihrerseits Rechnern zugeordnet (z.B. Rechnern, von denen sie Zugriff auf das verteilte Datenbanksystem begehren).

Die Verteilung von Daten auf Benutzergruppen und nicht, wie in /GAL1, STN1/ vorgeschlagen, auf Rechner (Nodes, Locations), bringt folgende Vorteile:

- Erweiterungen bzw. Reduktionen des Rechnernetzes um einzelne Rechner beinflussen die Zuordnung von Benutzergruppen zu Rechnern, nicht aber die Verteilung von Daten auf Benutzergruppen.
- Hinzukommen bzw. Wegfallen von Benutzergruppen bedingen Neuzuordnungen vorhandener Daten zu diesen Benutzergruppen bzw. Auflösungen existierender Zuordnungen; dadurch werden Zuordnungen von Daten zu anderen Benutzergruppen nicht berührt.
- Auf "Wanderungen" von Benutzergruppen kann allein durch entsprechende Änderungen derer Zuordnungen zu Rechnern reagiert werden.
- Überlaufsituationen können in einigen Fällen durch Beeinflussung der Zuordnung von Benutzergruppen zu Rechnern aufgelöst werden, ohne die Zuordnungen von Daten zu Benutzergruppen zu ändern.
- Bei Ausfall von Rechnern kann festgestellt werden, für welche Benutzergruppen die ihnen zugeordneten Daten noch vollständig verfügbar sind, d.h. welche Benutzergruppen weiterarbeiten können.

Das Benutzergruppenkonzept bringt also bei den aufgezählten Änderungen einen hohen Grad an Datenunabhängigkeit (<u>Verteilungsunabhängigkeit</u>), die Reorganisationen von Daten bzgl. Benutzergruppen nicht erforderlich macht.

Die Verteilung von Daten wird auf zwei Ebenen vollzogen:

(1) Die Zuordnung von Daten zu Benutzergruppen kann aus einer Ana-
     lyse der Systemumwelt ohne Berücksichtigung systeminterner Effi-
     zienzgesichtspunkte vorgenommen werden. Diese Zuordnung impli-
     ziert nur, daß die Daten möglichst "optimal" bzgl. dieser Be-
     nutzergruppen abgelegt werden sollen.

(2) Aus der Zuordnung von Benutzergruppen zu Rechnern wird erkennbar,
     was unter "optimal" zu verstehen ist: die eigentliche physikali-
     sche Verteilung der Daten soll auf bzw. möglichst nahe den zu-
     geordneten Rechnern erfolgen. Werden dabei auch andere Parame-
     ter wie z.B. Speicherkapazität, Übertragungskapazität usw. be-
     rücksichtigt, so können für die Ablage der Daten die in /CAS1,
     CHU1, ESW1, HOL1, MIL1/ angeführten Optimierungsmodelle in ent-
     sprechend modifizierter Form herangezogen werden (globale Ver-
     teilungsoptimierung).

Die kleinste Einheit der logischen Dateiebene, die verteilt werden
kann, ist der Satz. Die Zuordnung von Sätzen einer B-Datei zu einer
Benutzergruppe wird realisiert durch die Zuordnung dieser Sätze zu
einem Cluster, das dieser Benutzergruppe zugeordnet wird. Die Zuordnung einer B- bzw. einer Z-Datei zu einer Benutzergruppe wird verwirklicht durch die Zuordnung aller Cluster dieser Datei zu dieser
Benutzergruppe. Die Verteilung von Sätzen und Dateien wird also zurückgeführt auf die Verteilung von Clustern.

Für die Optimierung der Ablage von Clustern können verschiedene Strategien verfolgt werden, die sich letztlich darin unterscheiden, ob
ein Cluster auf genau einem oder auf mehreren Rechnern abgespeichert
wird. Letzteres macht die Einführung eines Kopieroperators für Cluster erforderlich. Als Optimierungsparameter sind insbesondere zu berücksichtigen:

- die Zuordnung von Clustern zu Benutzergruppen,
- die Zuordnung von Benutzergruppen zu Rechnern.

Mit dem Kopieroperator für Cluster können auch unterschiedliche Anforderungen an Zuverlässigkeit und Verfügbarkeit gezielt erfüllt werden: Für Cluster, an die hohe Anforderungen bzgl. Zuverlässigkeit und
Verfügbarkeit gestellt werden, werden Kopien angelegt, die entsprechend verteilt werden.

4. Verteiltes relationales Datenbanksystem auf der Basis des verteilten Dateiverwaltungssystems

4.1 Verteilungsunabhängige Realisierung

Die Diskussion der Realisierungsmöglichkeiten eines verteilten relationalen Datenbanksystems auf der Basis des verteilten Dateiverwaltungssystems wird auf verteilungsspezifische Gesichtspunkte begrenzt. Zusätzliche spezifische Zugriffs- und Speicherstrukturen werden nicht berücksichtigt.

Eine Relation wird definiert als eine zeitlich veränderliche Teilmenge des kartesischen Produkts von Definitionsbereichen /COD1/. Sie kann als Tabelle dargestellt werden, deren Zeilen die Tupel und deren Spalten die Attribute der Relation ausmachen. Eine relationale Datenbasis beinhaltet eine Menge solcher Relationen. Als Datenmanipulationssprache wird Relationenalgebra /COD2/ gewählt. Als Zugriffspfade werden invertierte Dateien eingesetzt.
Zum Zweck der Sicherung der operationalen Integrität in einer Mehrbenutzerumgebung können Datenmanipulationen nur innerhalb von Transaktionen /DRO1/ durchgeführt werden.

Relationen können direkt mittels B-Dateien, invertierte Dateien mittels Z-Dateien implementiert werden, wobei Tupel durch Sätze identifiziert werden.

Die Verteilung von Relationen und invertierten Dateien geschieht durch deren Aufteilung auf entsprechende B-/Z-Dateicluster innerhalb des verteilten Dateiverwaltungssystems.

Für die Abarbeitung von Transaktionen bietet sich folgende Vorgehensweise an:

Transaktionen werden auf einem einzigen Rechner bis auf die logische Dateiebene übersetzt. Das verteilte Dateiverwaltungssystem muß gegebenenfalls "abgesetzte Zugriffe", d.h. Zugriffe auf Datenbasen entfernter Rechner durchführen /PEE1/. Diese Vorgehensweise ist insbesondere dann interessant, wenn - wie für verteilte Datenbanksysteme im allgemeinen vorausgesetzt wird /NEB1, STN1/ - die meisten Transaktionen lokal bearbeitbar sind, d.h. kaum in "abgesetzten Zugriffen" resultieren. Die Entscheidung,

ob eine Transaktion lokal bearbeitbar ist, kann aus der Kenntnis
der Verteilung der Relationen abgeleitet werden. Darauf wird jedoch in diesem Beitrag nicht weiter eingegangen.

Bei nicht lokal bearbeitbaren Transaktionen kann deren Abarbeitung jedoch in einer aufwendigen Sequenz von "abgesetzten Zugriffen" resultieren, wie in Bsp. 2 gezeigt wird.

<u>Bsp. 2:</u> Die Relation FAHNDUNG enthält Personen, nach denen polizei-
lich gefahndet wird.

RELATION FAHNDUNG (ID, NAME, STRAFTAT, TATORT);
Die Relation sei disjunkt auf verschiedene Datenbasen verteilt.
Mit folgender Anfrage werden die Tupel aller wegen Diebstahls zur
Fahndung ausgeschriebenen Personen in einen Arbeitsspeicher (AS)
transferiert:

READ AS (FAHNDUNG): FAHNDUNG (STRAFTAT = Diebstahl);
Die Abarbeitung dieser Anfrage resultiert auf der logischen Dateiebene - bei Nichtvorhandensein einer invertierten Datei für
das Attribut STRAFTAT - in einem sequentiellen Lesen der Sätze
der die Relation FAHNDUNG enthaltenden B-Datei, was letztlich -
in Abhängigkeit von der Verteilung der Relation FAHNDUNG-in einer
ggf. großen Zahl von sequentiellen "abgesetzten Zugriffen" auf
Satzebene resultiert. Die Anzahl der "abgesetzten Zugriffe" kann
durch eine entsprechende Blockung oder durch Anlegen von tempo-
rären Clusterkopien reduziert werden.

4.2 <u>Verteilungsabhängige Realisierung</u>

Bei der Abarbeitung nicht lokal bearbeitbarer Transaktionen kann die
Anzahl abgesetzter Zugriffe gegenüber 4.1 verringert werden, wenn
Transaktionen entsprechend der Verteilung von Relationen und invertierten Dateien in lokal bearbeitbare Teiltransaktionen aufgeteilt
werden, die dann ausgewählten Rechnern zur Bearbeitung zugesandt
werden /ADD1, NEB1, SCH1, STN1/.

Diese Vorgehensweise erfordert oberhalb der logischen Dateiebene zusätzliche Kommunikationsmöglichkeiten zwischen den funktionellen
Komponenten des verteilten Datenbanksystems.

Für eine adäquate Steuerung der Verteilung von Relationen werden in
/STN1, GAL1/ verteilungsspezifische Erweiterungen des Relationenmodells und des Entity-Relationship-Modells definiert. Diese sehen
eine geographisch orientierte Verteilung von Daten auf Rechner vor,
die aus dem Datentyp (z.B. Relationenname) oder aus dem Dateninhalt
abgeleitet werden kann. Diese Konzepte sind daher nicht voll ver-
teilungsunabhängig (vgl. 3.3); sie lassen keine globale Verteilungs-
optimierung zu und berücksichtigen nur disjunkte Verteilungen.

Zur Vermeidung dieser Nachteile wird in obiger Erweiterung des Relationenmodells das in 3.3 vorgestellte Benutzergruppenkonzept eingebaut: die Verteilung von Relationen wird auf deren Zuordnung zu Benutzergruppen zurückgeführt. Die Zuordnungen werden mittels der Relationenalgebra beschrieben (Verteilungsspezifikation). Damit kann
die Verteilung wahlweise auf der Ebene von Relationen, von Tupeln,
von Attributen oder von Attributwerten spezifiziert werden. Die Verteilung kann - typspezifisch - aus einem Relationen- oder Attribut-
namen oder - exemplarspezifisch - aus Attributwerten abgeleitet werden. In Bsp. 3 werden Beispiele für -nichtdisjunkte- Verteilungsspezifikationen gegeben.

Bsp. 3: Die Relation FAHNDUNG aus Bsp. 2 wird entsprechend der Auf-
    gliederung der BRD in 10 Bundesländer auf 10 Benutzergruppen
    (Landeskriminalämter; BG1-BG10) verteilt. Jedes Landeskriminal-
    amt ist zuständig für die in diesem Land begangenen Straftaten
    sowie für "überregionale" Straftaten (z.B. Waffenhandel, Rausch-
    gifthandel). Folgende Verteilungsspezifikationen entsprechen dem
    geschilderten Sachverhalt:

    VERTEILUNG: FAHNDUNG;

        FAHNDUNG [TATORT = Bayern] → BG1;
            ⋮   ⋮
        FAHNDUNG [TATORT = Hessen] → BG10;
        FAHNDUNG [STRAFTAT = Rauschgifthandel   ∨ Waffenhandel]
                            → {BG1, ..., BG10};

Zusätzlich wird die Relation ADRESSBUCH eingeführt, die die Adressen aller Bundesbürger enthält.

    RELATION ADRESSBUCH (ID, NAME, GEB.-JAHR, GEB.-ORT,
                         PLZ, WOHNORT, STR.);

Die Relation ADRESSBUCH werde auf aus der Postleitzahl PLZ ableit-

bare Benutzergruppen (z.B. in regionalen Rechenzentren zusammen-
gefaßte Gemeindeverwaltungen; BG101-BG180) verteilt. Zusätzlich
benötigen die Landeskriminalämter die Adressen aller zur Fahndung
ausgeschriebenen Personen. Dies kommt durch folgende Verteilungsspezifikationen zum Ausdruck:

    VERTEILUNG: ADRESSBUCH;

        ADRESSBUCH [PLZ = 1000 ∧ PLZ < 1100] → BG101;
            ⋮   ⋮   ⋮   ⋮
        ADRESSBUCH [PLZ = 8900 ∧ PLZ < 9000] → BG180;
     (*)ADRESSBUCH [ID = ID]   FAHNDUNG → FAHNDUNG;

In der mit (*) markierten Verteilungsspezifikation wird die Zuord-
nung der Tupel der Relation ADRESSBUCH zu den Benutzergruppen
BG1-BG10 aus der Zuordnung der über den VERBUND ADRESSBUCH [ID =
ID] FAHNDUNG erhältlichen Tupel der Relation FAHNDUNG abgeleitet.

Die Verteilungsspezifikationen müssen gemäß 3.3 um die Zuordnungen der Benutzergruppen zu Rechnern vervollständigt werden.

Zusätzlich muß eine Regel eingeführt werden, wie Tupel behandelt
werden, die nicht durch eine Verteilungsspezifikation erfaßt werden.
Eine mögliche Lösung besteht in der impliziten Zuordnung solcher
Tupel zu den Benutzergruppen, die sie generieren.

Bei der <u>Abbildung von Relationen auf die logische Dateiebene</u> muß insbesondere deren Verteilung auf Benutzergruppen berücksichtigt werden:

- Tupel, die genau einer Benutzergruppe zugeordnet sind, werden in
  einem dieser Benutzergruppe zugeordneten Cluster abgelegt.
- Tupel, die mehreren Benutzergruppen zugeordnet sind, werden entweder als Kopie für jede dieser Benutzergruppen in einem zugeordneten Cluster oder in einem einzigen, allen diesen Benutzergruppen zugeordneten Cluster abgelegt. Zwischenlösungen sind
  denkbar. Insbesondere können nichtdisjunkte Verteilungsspezifikationen auch über eine entsprechende Verteilung von invertierten
  Dateien aufgelöst werden.

Die Verteilungsspezifikationen dienen nicht nur der Steuerung der
Ablage von Relationen; an ihnen kann sich auch die <u>Abarbeitung von
Transaktionen</u> orientieren. Dazu wird für jede in einer Transaktion

auftretende Relation eine Benutzergruppe spezifiziert.

Bsp. 4: Es sollen - soweit bekannt - die Adressen aller wegen Diebstahls in Bayern zur Fahndung ausgeschriebenen Personen ermittelt
werden, die unter 18 Jahre alt sind (vgl. Bsp. 3).

$$\text{READ AS (ADRESSBUCH): ADRESSBUCH [GEB.-JAHR } \geq 1950] \text{(ID = ID)}$$
$$\text{FAHNDUNG [STRAFTAT = Diebstahl]}$$
$$\text{<ADRESSBUCH: BG1, FAHNDUNG: BG1> ;}$$

Diese Benutzergruppenkennzeichnung für Transaktionen kann auf
zweierlei Art interpretiert werden:

(1) Der Zugriff wird automatisch auf die den spezifizierten Benutzergruppen zugeordneten Daten beschränkt. Die Benutzergruppenkennzeichnung hat Datenschutzcharakter.

(2) Die Zugriffe werden sich vorwiegend, jedoch nicht unbedingt ausschließlich, auf die den spezifizierten Benutzergruppen zugeordneten Daten beschränken. Die Benutzergruppenkennzeichnung dient
ausschließlich als Parameter für die Optimierung der Transaktionsabarbeitung. In diesem Fall muß in Bsp. 4 die Relation FAHN-
DUNG zusätzlich nach einem TATORT in Bayern selektiert werden.

Für die Transaktionsabarbeitung ergeben sich eine Reihe von Varian-
ten in Abhängigkeit von

- der Interpretation der Benutzergruppenkennzeichnung für Transaktionen,
- der Art der Auflösung nichtdisjunkter Verteilungsspezifikationen
  für Relationen,
- dem Verfahren, nach dem das verteilte Dateiverwaltungssystem
  aus der Zuordnung von Benutzergruppen zu Rechnern die Ablageorte
  für Cluster ermittelt.

Zur Veranschaulichung soll die Transaktionsbearbeitung, die an
/WOY1/ angelehnt ist, an einem einfachen Beispiel demonstriert werden. Teilaspekte werden auch in /ADD1, NEB1, SCH1/ behandelt.

Bsp. 5: Es werden die Relationen mit Verteilungsspezifikationen
aus Bsp. 3 und die Transaktion aus Bsp. 4 zugrundegelegt. Die
Benutzergruppenkennzeichnung der Transaktion wird als Zugriffs-

beschränkung interpretiert, die Auflösung nichtdisjunkter Verteilungsspezifikationen geschieht über Kopien, Cluster werden auf allen ihren Benutzergruppen zugeordneten Rechnern als Kopie abgelegt.

R sei eine Funktion, die zu einer gegebenen Benutzergruppe den für eine (Teil-)Transaktionsbearbeitung "optimalen" Rechner bestimmt. Die Transaktion wird in folgende Teiltransaktionen aufgespaltet, die den mit R (BGi) identifizierten Rechnern zur Bearbeitung zugesandt werden:

$$\text{READ AS}\emptyset \text{ (FAHNDUNG): FAHNDUNG [STRAFTAT = DIEBSTAHL]} \rightarrow R \text{ (BG1);}$$
$$\forall \; Id \; \epsilon \; \text{AS}\emptyset[\text{ID}]:$$
$$\text{READ AS1 (ADRESSBUCH): ADRESSBUCH [GEB-JAHR} \geq 1950 \wedge \text{ID=Id]}$$
$$\rightarrow R \text{ (BG1);}$$
$$\text{AS: = AS} \cup \text{AS1;}$$

Wird für die Relation ADRESSBUCH als Benutzergruppenkennzeichnung BG101,..., BG180 spezifiziert und streicht man deren mit (*) markierte Verteilungsspezifikation, so ergibt sich folgende Situation:

$$\text{READ AS}\emptyset \text{ (FAHNDUNG): FAHNDUNG [STRAFTAT = Diebstahl]} \rightarrow R \text{ (BG1);}$$
$$\forall \; Id \; \epsilon \; \text{AS}\emptyset \text{ [ID]:}$$

$$(**)\begin{cases} \text{READ AS1 (ADRESSBUCH): ADRESSBUCH [GEB-JAHR} \geq 1950 \wedge \text{ID = Id]} \\ \qquad\qquad \vdots \qquad\qquad\qquad \rightarrow R \text{ (BG101);} \\ \text{READ AS80 (ADRESSBUCH): ADRESSBUCH [GEB-JAHR} \geq 1950 \wedge \text{ID = Id]} \\ \qquad\qquad\qquad\qquad \rightarrow R \text{ (BG180);} \end{cases}$$

$$\text{AS: = AS} \cup \text{AS1} \cup \ldots \cup \text{AS80;}$$

Die Teiltransaktionenen (**) können parallel bearbeitet werden.

Die Abarbeitung der bei der Transaktionsbearbeitung auftretenden Teiltransaktionen auf den ausgewählten Rechnern kann gemäß 4.1 erfolgen. Für die Auswahl der zur Weiterverarbeitung der dabei anfallenden Teilergebnisse geeigneten Rechner müssen noch Strategien entwickelt werden.

5. Zusammenfassung

Für ein verteiltes Dateiverwaltungssystem als Basis eines auf einem heterogenen Kleinrechnernetz zu installierenden verteilten Datenbanksystems sprechen eine Reihe von Gründen:

- durch die Integration aller Datenbasen auf Dateiebene lassen sich
  darauf aufbauende bekannte Datenbankkonzepte direkt auf eine verteilte Umgebung erweitern, ohne architekturbedingte Systemredun-
  danzen einführen zu müssen,
- da die meisten Kleinrechner mit Dateiverwaltungssystemen vergleichbarer Leistungsfähigkeit ausgestattet sind, bereitet die Lösung
  der Heterogenitätsprobleme auf Dateiebene relativ wenig Aufwand,
- bei einer Standardisierung der verteilten Dateiverwaltungsschnittstelle wird eine weitgehende Portabilität erreicht.

Es wurden zwei Realisierungsmöglichkeiten für ein verteiltes Datenbanksystem auf der Grundlage eines im Rahmen des DISCO-Projektes
konzipierten Dateiverwaltungssystems diskutiert:

- Bei der verteilungsunabhängigen Realisierung werden alle verteilungsspezifischen Aufgaben auf das verteilte Dateiverwaltungssystem begrenzt. Für lokal bearbeitbare Transaktionen ist - durch
  eine entsprechende (statische) Verteilung der Daten - eine optimale Abarbeitung gewährleistet.
- Bei der verteilungsabhängigen Realisierung werden auf das verteilte Dateiverwaltungssystem zusätzliche verteilungsspezifische Ebenen aufgesetzt, die z.B. die (dynamische) Aufteilung von nicht
  lokal bearbeitbaren Transaktionen auf entsprechende Rechner be-
  werkstelligen.

Literatur

/ADD1/   Adiba, M., Delobel, C.: The Problem of the Cooperation
          between different D.B.M.S., IFIP TC-2 Working Conference,
          Nice, France, Jan. 1977

/ANS1/   ANSI/X3/SPARC Study Group on Data Base Management Systems,
          Interim Report 1975, Doc. No. 7514TSO1

/BDK1/   Breitwieser, H., Drobnik,O., Keil, C., Kersten, U.:
          Architektur und operationales Modell eines verteilten Datei-
          verwaltungssystems, GI-Fachtagung Datenbanken in Rechner-
          netzen mit Kleinrechnern, Kernforschungszentrum Karlsruhe,
          1978

/CAS1/   Casey,R.G.: Allocation of copies of a file in an information
          network, AFIPS- Proc., Spring Joint Comp. Conf. 1, 1972

/CHA1/   Champine, G.A.: Six Approaches to Distributed Data Bases,
          Datamation, May 1977

/CHU1/   Chu, W.W.: Optimal File Allocation in a Multiple Computer
          System, IEEE Transactions on Computers, No.10, Oct. 1969

/COD1/   Codd, E.F.: A Relational Model of Data for Large Shared
          Data Banks, CACM 13, No. 6, 1970

/COD2/   Codd, E.F.: Relational Completeness of Data Base
          Sublanguages, in Courant Computer Science Symposion, Vol.6:
          "Data Base Systems", edited by Rustin R., Prentice-Hall Inc.,
          Englewood Cliffs, New Jersey, 1972

/DRO1/   Drobnik, O.: Verfahren zur Sicherung der operationalen Inte-
          grität in verteilten Datenbasen bei dezentraler Kontroll-
          struktur, Dissertation, Universität Karlsruhe, 1977

/ESW1/   Eswaran, K.P.: Placement of records in a file and file
          allocation in a computer network, IFIP Conf. Proc.,
          Stockholm, 1974

/GAL1/   Gardarin, G., Le Bihan, J.: Proposal for a Common
          Description Model of Distributed Data Bases, erhältlich bei:
          Secretariat SIRIUS, IRIA, 78 Rocquencourt, France, Nov.1976

/GJP1/   Gardarin, G., Jouve, M., Parent, C., Spaccapietra, S.:
          Designing a Distributed Data Base Management System,
          AICA 77, Pisa, 12. - 14. Okt. 1977

/HOL1/   Holler, E.: Multiple Copy Files in Computer Networks,
          KFK-Bericht 1734, 1974

/KAR1/   Karl, H.: The Distributed Data Bases of the Information Sy-
          stem of the German Police (INPOL), European Computer Work-
          shop Series Distributed Computer Systems, Darmstadt, Germany,
          Oct. 1974

/KEH1/   Keil, C., Holler, E.: Comparison of different approaches to
          distributed database systems, ICMOD 78, Milano, Juni 1978

/LAC1/   Lagasse, J.P., Artoud, G., Cabanel, J.P.: ARAMIS -
          A Processing Network with User Data Bases Interactive
          Systems, COMPCON, 1975

/MIL1/   Mills, D.L.: Dynamic File Access in a Distributed Computer
          Network, Univ. Maryland, TR-415, 1975

/NBC1/   Nahouraii, E., Brooks, L.O., Cardenas, A.F.: An approach to
          data communication between different generalized data base
          management systems, Second International Conference on Very
          Large Data Bases, Brüssel, Sept. 1976

/NEB1/   Neuhold, E.J., Biller, H.: Distributed Data Bases on a
          Network of Minicomputers, Journées AFCET, Bases de données
          réparties, Paris, Ed. Inst. de Programmation, Mars 1977

/PEE1/   Peebles, R.W.: Design Considerations for a Distributed Data
          Access System, Ph. D. dissertation, University of
          Pennsylvania, August 1972

/SCH1/   Schneider, L.S.: A Relational Query Compiler for
          Distributed Heterogeneous Databases, Arbeitsbericht der
          Martin Marietta Data Systems Division, Denver, Colorado
          80201, USA, 1976

/SCH2/   Schreiber, F.A.: A framework for distributed data base
          systems, Proceedings of the International Computing
          Symposium 1977 (ICS77), Liège, Belgium, published in North-
          Holland Publishing Company Amsterdam, 1977

/SPT1/   Stygar, P., Puchrik, A., Turek, M.: Transparent Integrated
          Intelligence Network Query Intermediate Processor, Rome
          Air Development Center (IRDA), Final Technical Report
          RADC-TR- 77-39, Jan. 1977

/STN1/   Stonebraker, M., Neuhold, E.J.: A Distributed Data Base
          Version of INGRES, Engineering Research Laboratory, Univer-
          sity of California, Berkeley, Memorandum No. ERL-M612,
          Sept. 1976

/WOY1/   Wong, E., Yousseffi, K.: Decomposition - A Strategy for
          Query Processing, ACM TODS, Sept. 1975

SYSTEM ARCHITECTURES FOR MANAGING DISTRIBUTED DATABASES

Rudolf Munz
Fachbereich Informatik
Technische Universität Berlin

Abstract

Several organizational possibilities for managing distributed
databases are outlined and evaluated. The advantages and the problems
introduced by distributed databases are described.

1. Advantages of distributed databases

As there are a lot of unsolved questions and problems in the area
of (centralized) database systems, a reasonable question is: why
develop systems for managing <u>distributed</u> databases? The answer is that
distributed databases are not primarily a challenging academic problem,
but that there is a practical need and a large class of applications
for them.

In this paper a system for distributed databases is understood as
a system operating on a network of (mini-) computers where each node
of this network holds a portion of the database. By this system and a
communication facility between these nodes, the distributed database
appears as a unit for an end-user or application programmer. That is,
the distribution of data is invisible for them.

Distributed databases are the key to a new dimension of communication and they offer the possibility for decentralized data processing based on minicomputers with at least the same computing power
as present day centralized data processing centers based on big mainframes.

The communication between the nodes of the network is supposed to
be the bottleneck in the system (see CCA/3/). Therefore the funda-
mental application philosophy of distributed databases is the
<u>locality behaviour</u>. A distributed database system only makes sense
if most of the queries and updates are addressed to the locally
available part of the database. Accesses to nonlocal parts of the
database must be exceptions, otherwise a tremendous communication
traffic will block the whole system.

There is a large class of applications which possesses such a locality behaviour. For example the departments in an organisation or enterprise tend to have _their_ data which are processed and queried mostly by themselves. A big computing center is then nothing else as a (by accident) central service facility which is used in a decentral manner by these departments. In such environments it seems advantageous to install one or more minicomputers in every department and use a system for managing these distributed databases. The advantages of this solution are the following:

- Line costs will be saved, as the data is there where it is needed.
- The database will be more actual, as the data are entered, where they are created.
- The communication flow within the organisation will be better, as all available data are easy accessible.
- A system for distributed databases will provide quicker response times compared to a central database system because of its inherent parallelity.
- The departments will have the responsibility for their data and the autonomy to run their applications at the time they want and as often they want.
- Distributed databases fit more naturally to the structure of organization which is usually based on division of labor.
- A breakdown of a local minicomputer will possibly not affect other parts of the network nor be as disastrous as the breakdown of a central computing facility.
- A network offers more flexible upgrading possibilities, as new minicomputers can be added to the network if more computing power is needed somewhere.
- A system for managing distributed databases based on mini-computers will certainly not be more expensive than a comparable central computer and a central database system (see SCHMALFELD / 7 /).

By the use of a system for distributed databases, the hardware which is now installed at a computer center will be dispersed over the organization. However, the reasonable centralized responsibility for the hard- and software in the network, the design and administration of the database, and the responsibility for the application programming in an organization will not disappear. Thus, distributed databases will not put computer center people out of work.

2. Distributed database - how?

2.1 Local database schemas

A straight forward possibility to achieve some sort of a distributed database is simply to add a communication facility to computers on which a central database exists. In the resulting network of possibly heterogenous local database systems data can be shared. Thus potentially all available data are accessible from each node. However, as no system for managing these distributed databases exists the users must be aware of the distribution of data, that is, they must know the different local database schemas to be able to access and manipulate all data in the network.

From the point of view of the local database systems, no distributed databases exist. These systems only manage their local databases and serve their local users. Users at other nodes of the network appear to them as being local users. Thus, nearly all problems of managing distributed data bases are shifted to the user, that is, to the application programmer. This approach is useful to achieve a data-sharing facility between existing databases in a short time. Another advantage is that this does not effect the current users of these databases and their applications. However, distributed databases where the distribution is invisible to the user form a new quality of systems - and problems.

2.2 Global database schema, local database systems

To make the distribution of data invisible to the user, a global database schema must exist. As a consequence, the local database systems must be homogenous (at least at some system level). Thus, from the user's point of view the system looks like a central database system.

In the design of such a system, a decision must be taken as to how much each node knows about the data available at other nodes. One extreme is to give the nodes no knowledge at all of which portions of the database are stored at other nodes. As a result, the system only consists of local homogenous database systems with the same database schema.

To be more precise, a simple model of the architecture of such a database system is introduced. It stores records and for a quicker content-based access, index lists are used. These index-lists contain

references to the corresponding records which may be symbolic or
direct pointers. They are called record-IDs.

If a local database system gets a query which can not be answered
locally, it must either poll all other nodes or send a broadcast to
all of them, as its data organization contains only record-IDs of
local records. Even if there is a strong locality behaviour of queries,
the nonlocal case is rather expensive and what is worse its price is
directly dependent on the size of the network. If accesses to sets of
records can be formulated in the query-interface of the database
system, the situation really gets disastrous. As a local database
system can never be sure that no further records exist at other nodes
of the network belonging to the specified subset, it has to poll all
other nodes for each query of this kind.

Although in this approach, updates only have local effects it
seems unreasonable to manage distributed databases by a system where
the nodes in the network have no knowledge at all of each other.

2.3 Global database schema, global database system

The other extreme is to give each node a full knowledge of the
data, that is records, stored at all other nodes. By this, the index-
lists at a node do not only contain record-IDs of local records, but
of all records in the network. Thus, a record-ID must also identify
the node or location where this record is stored.

Now most work needed to answer a query can be done locally. The
records to be fetched from elsewhere can be requested directly from
the correct node. No polling or broadcasting takes place. However, the
global index lists used in this approach (which are kept at each node)
generate tremendous update problems. If a record enters the system
(even if it is stored locally) all nodes must be informed to update
their index-lists. The same must be done if a record is modified
or deleted.

Because of these disadvantages, this approach does not make much
sense to manage distributed databases. Compared to the previous approach, one of them favours updates, the other queries. So it seems
evident to achieve a compromise between them. However, the basic error
of both approaches is to keep and update extremely specific information
about data stored at other nodes at the level of index lists and
record-IDs.

2.4 Distribution by predicates

The information about the distribution of data can not only be
kept at the extensional but also at the intensional level. That is,
a node in the network does not know what records <u>are</u> actually stored
at another node, but only knows what kind of records there <u>might</u> be.
The distribution of data is then described by query-like distribution
predicates. An example of such a distribution predicate is the following:

<pre>
        STORE PERSON WHERE PLACE-OF-LIVING='BERLIN' AND
                     SALARY<3000
                     AT LOCATION 56
</pre>

By such a distribution predicate, nothing can be deduced about the
actual number of records stored at location 56. The distribution of
data is completely defined by such predicates and they are kept at each
node of the network; this causes no problems as they are compact and
stable. In case of a query or update each node knows with which other
nodes it has to communicate. The number of communication partners is
not dependent on the number of nodes in the network but on the location definitions of the distribution predicates. Some of these communications may be superfluous because there are no records fulfilling
the distribution predicate at the addressed node. But in an overall
comparison this approach seems to be the most promising by far which
is the reason why it is used in nearly all approaches to distributed
databases (see STONEBRAKER, NEUHOLD/10/, NEUHOLD, BILLER/6/, CCA/3/,
MUNZ et al. /5/).

Redundant storage of the same set of data at different locations
is possible by specifying two or more locations. Such a redundancy is
useful to mirror certain access characteristics (frequent queries
to the same data at different places) or to provide a high degree of
availabity for these data in case of a breakdown of a node.

Another important point concerns the possible structure of the
distribution predicates. It is possible to permit overlapping predicate definition or to require their disjunctiveness which can be
checked extensionally or intensionally. These questions and possible
conclusions are discussed in a paper by SCHWEPPE/8/. There is also an
investigation as to whether the units of distribution should be records
or parts of a record (projections in the relational sense).

Given a query and the list of distribution predicates, there must
be an algorithm to decide whether this query can be processed locally
and if not, to decide what the communication partners for the processing of the query are and to develop a suitable decomposition of the
query into sub-queries for these communication partners. Such an
algorithm is discussed in a paper by STEYER/9/.

So far nothing has been said about who creates the distribution
predicates. It remains as the task of the only intelligent part of a
database system - the database administrator. In the systems for
managing distributed databases currently under development (see CCA/3/,
NEUHOLD, BILLER/6/, MUNZ et al./5/) it is a subtask of the schema
definition to specify the place where a subset (portion) of the database shall be stored.

Research is needed to automatize the definition and redefinition
of the distribution predicates and shift this task from the database
administrator to the system. However, we have some doubts whether this
research can be successful. It is a huge classification problem to
detect distribution predicates according to usage patterns automati-
cally. It can not be solved correctly by a classification of queries
and/or updates but only by a classification of all data involved in
the processing of the queries. Compared to the present state of the
art of classification algorithms this task is unsolvable. So other
ways must be looked for - if there are any.

2.5 Distribution by access statistics

One approach which does not burden the database administrator
with the task of specifying distribution predicates is to use access
statistics for the migration of records in the network.

Based on the assumption of a locality behaviour of accesses, a
record migrates to the node where it has been queried. As a record is
mostly queried from the same place, in most cases no migration will
take place. The same mechanism can be applied if a record is updated.
Even copies of a record can be generated and destroyed if some system-
information is attached to the record. In this information the last
locations are noted where this record has been. By this, an oscilla-
tion of records between two of more nodes can be detected and result
in the generation of a copy. To be able to destroy a copy of record,
the read-accesses and updates must be counted for each record. If
their ratio is smaller than a threshold value, the copy is destroyed.

These migration strategies based on statistics will provide the desired effect. They are, however, a special case of the approach discussed in 2.2, as the local database systems do not know anything about each other. Records not found locally will cause a global poll or broadcast and what is worse, such a poll or broadcast is necessary for the processing of each query specifying a set of records.

By this, distribution predicates seem the only possible way to go.

3. Key problems in managing distributed databases

The problems of selecting a suitable unit of distribution and a manageable and useful class of distribution predicates are treated by SCHWEPPE/8/.

STEYER/9/ presents an algorithm for the decomposition of queries in locally processable subqueries and the determination of the corresponding nodes.

Depending on the locality behaviour of the application profile, it would be interesting to get statements about the communication traffic caused by these applications and their turn-around time. For this, BIEBER/1/ describes a simulation model which is under development. This model covers not only the network aspects but will also be able to show the effects of different database systems designs.

The design and the implementation of the communication facility used within the system is of crucial importance for the overall performance, as this part is assumed to be the bottleneck of the system. Minicomputers which form the nodes of the network have a relatively limited computing power and should not be overloaded by doing the communication work. Therefore special communication computers which are under development will be advantageous (see BIDLINGMAIER, WÖBKER/2/, HOLLER et al./4/).

If copies of data are possible in the network, update gets more complicated. These copies should be updated simultaneously which causes locks at different nodes and a considerable communication overhead. An easy escape is to treat one copy as master copy which is the only one to be updated. By this master copy the updates of all other copies are triggered. However, there are serious drawbacks to this approach /see CCA/3/):

- the availability of the system for updates is not better than the availibility of a centralized system

-the computer where the master copy is located must have the computing power to process <u>all</u> updates and can possibly slow down
updates

-as updates for this copy can only be performed at a specific
point in the network, high communication costs and long delays
are possible.

Thus the concept of a master copy centralizes updates and because
of this some advantages of distributed databases disappear. It seems
to be a better approach to expect a locality behavior for updates too,
and a low probability for the existence of several copies of the same
data. By this, non-local updates will be exceptions and a locking
protocol which treats all copies equal and updates the copies simultaneously but causes some communication overhead in the non-local case,
will not have a dramatic impact on the overall performance of the
system.

Locking protocols are needed to insure the integrity of the database in case of colliding update transactions. In principle, the same
locking protocols as used in centralized database systems are appli-
cable. Depending on the units of locking and the locality behavior of
updates the communication overhead can be kept under control. CCA/3/
has developed a locking strategies based on a time-stamping mechanism
which needs very little communications. However, this is only true for
the updating of individual records. To realize the concept of update
transactions and to solve the related problem of recovery, their
mechanism needs also a lot of communication traffic. Further research
is needed to develop satisfying solutions for this problem.

The problem of error recovery in case of a soft failure of a node
in the network is closely coupled with the realization and synchronization of update transactions. If a node in the network goes down, all
update messages for it must be stored at the other nodes and issued
when this node is up again. After this procedure is completed, the node
is fully operational again. Of course, this is only a rough sketch
of the principle. A lot of intrinsic problems lie in the details.

A strange recovery situation can appear if communication links
break down and the network is separated in isolated, but still working parts. If copies of data exist in different parts, they will have
a different update status. But contrary to the normal error recovery,
which one of these copies - if any - is the correct one can not be
determined. Manual interaction is necessary in this case. To suspend
updates in this case is only possible if an individual node can

distinguish between the set of nodes which are down and those that are unconnected but still working.

The development of systems for managing distributed databases requires solutions for the following new (compared to centralized database systems) problem areas:
- To select suitable units for distribution and a suitable class of distribution predicates.
- To determine whether a query or an update can be processed locally and if not find the possible communication partners and their subtasks.
- To develop locking protocols which minimize the communication overhead.
- To develop mechanism which combine the local recovery procedures of the nodes to a global recovery measure for the distributed database.

Acknowledgements

This work is part of the project "Distributed Databases" at Technical University of Berlin, sponsored by the Federal Ministry of Research and Technology.

Many ideas described in this paper outgrew discussions with Prof. Dr. H.-J. Schneider, Dr. J. Bieber, B. Freier, H. Schweppe and F. Steyer.

References:

/1/   BIEBER, J.:
                Modell zur Unterstützung des Entwurfs
                Verteilter Datenbanksysteme,
                Technische Universität Berlin,
                Fachbereich Informatik,
                Project "Distributed Databases", VDN-Report 2/77

/2/   BIDLINGMAIER; WÖBKER:
                Nachrichtentransportsystem für NIXDORF-Systeme,
                internes NIXDORF-Papier

/3/   COMPUTER CORPORATION OF AMERICA:
                A Distributed Database Management System
                for Command and Control Applications.
                Semi-Annual Technical Report I, July 1977,
                Cambridge, Massachusetts

/4/   HOLLER, E.; KRIEGER, J.; KNÖPKER, R.:

        Ein universeller Kommunikationsprozessor
        für den Aufbau verteilter PDV-Systeme,
        GI-Fachtagung Prozeßrechner 1977

/5/   MUNZ, R.; BIEBER, J.; FREIER, B.; SCHNEIDER, H.J.;
        SCHWEPPE, H.; STEYER, F.;

        Anwendungsprogrammierer-Schnittstelle VDN
        Technische Universität Berlin,
        Fachbereich Informatik,
        Project "Distributed Databases", VDN-Report 5/77

/6/   NEUHOLD, E.J.; BILLER, H.:

        POREL: A Distributed Data Base on an
        Inhomogeneous Computer Network,
        Proc. Third Intern. Conf. on Very Large Data Bases,
        Tokyo, 1977

/7/   SCHMALFELD, H.:

        Der Kleinrechnerverbund als Alternative
        zur heutigen Großrechner-Anwendung in der
        industriellen Datenverarbeitung an Hand
        einer Fallstudie,
        Technische Universität München, Bericht Nr. 7611

/8/   SCHWEPPE, H.:

        On different classes of predicates for
        distributing data,
        Technische Universität Berlin,
        Fachbereich Informatik,
        Project "Distributed Databases", VDN-Report 4/77

/9/   STEYER, F.:

        Abarbeitung von Anfragen in Verteilten Datenbanksystemen,
        Technische Universität Berlin,
        Fachbereich Informatik,
        Project "Distributed Databases", VDN-Report 3/77

/10/   STONEBRAKER, M.; NEUHOLD, E.:

        A distributed data base version of INGRES,
        Memorandum No. ERL-M612,
        Engineering Research Laboratory,
        University of California, Berkeley

<u>ZUM VERBUND EXISTIERENDER DATENBANKEN</u>

Manfred Domke
Institut für Informationssysteme
Gesellschaft für Mathematik und
Datenverarbeitung (GMD) mbH Bonn

Abstrakt

Der vorliegende Beitrag konzentriert sich auf die Einbeziehung existierender Datenbanken in Rechnernetze. Sich mit dem Verbund existierender Datenbanken zu befassen
ist notwendig, weil hohe Investitionen und ein nicht überschaubares Anwendungsfeld
für Datenbanken eine umfassendere, effektivere und variablere Nutzung der vorhandenen Datenbanken erforderlich machen. Der Verbund existierender Datenbanken, die
in der Regel nicht auf Kleinrechnern lagern, kann als Spezialfall von verteilten
Datenbanken angesehen werden. Somit wird einer weit verbreiteten Auffassung wider-
sprochen, daß verteilte Datenbanken ausschließlich im Zusammenhang mit Kleinrechnern zu sehen sind.

Im Anschluß an die Einordnung in das Tagungsthema wird über das Ziel und einige
vorliegende Ergebnisse der Arbeit der GMD-Projektgruppe VERBIS (Verbund von Infor-
mationssystemen) berichtet. Im Vorhaben VERBIS soll zur Demonstration und zur Erprobung einer Integration von Anwendungen schrittweise ein Verbund existierender
Datenbanken realisiert werden. Im ersten Schritt wird an einem experimentellen Verbund von FIDAS-Datenbanken gearbeitet, dessen Benutzerschnittstelle und Kooperationskonzept in diesem Beitrag zur Diskussion gestellt werden.

1. Einleitung

Was ist eine Datenbank? Die Menge aller Daten, auf denen die Aktivitäten und Entscheidungen einer Unternehmung basieren? Wegen der Bedeutungsvielfalt und -inkon-
sistenz des Wortes 'Datenbank' ist zunächst zu klären, was in diesem Beitrag unter
'Datenbank' zu verstehen ist. Eine Instanz (Funktionseinheit zur Verarbeitung von
Nachrichten) heißt Datenbank, wenn sie in der Lage ist,

. Daten (dargestellte Information) aufzubewahren
. unter verschiedenen Benutzern, die Daten gemeinsam nutzen, ein gemeinsames
  Verständnis sicherzustellen
. Daten zu manipulieren, insbesondere um den Änderungen der Ausgangsinformation

zu entsprechen

Daten auf Anforderung zur Verfügung zu stellen

In einer Datenbank lassen sich zwei Funktionseinheiten unterscheiden, nämlich das Datenbanksystem und die Datenbasis. Datenbanksystem wird das Softwaresystem genannt, das die Datenbankfunktionen (Speichern, Suchen, Ändern, ...) realisiert. Die Datenbasis enthält die dargestellte Information über die relevanten Teile des betrachteten Objektes (z.B. einer Unternehmung). Als Benutzer stehen der Datenbank Menschen oder Programme gegenüber. Die Kommunikation zwischen Benutzer und Datenbank findet über einen Kanal (z.B. Sichtgerät) nach jeweils vereinbarten Regeln (Benutzerschnittstelle) statt /1/ (vgl. Abb. 1).

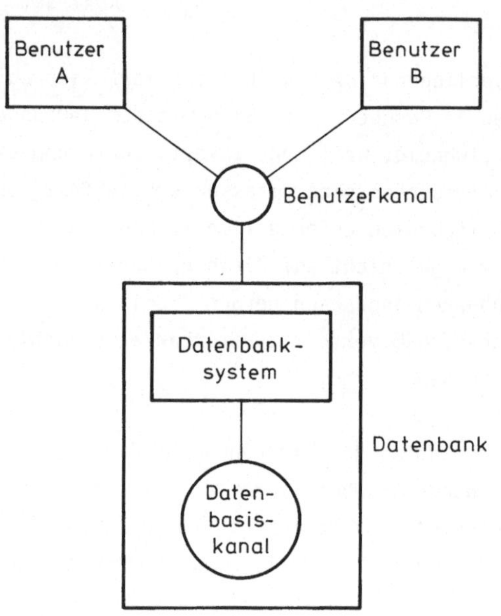

Eine wesentliche Grundidee beim Datenbankkonzept ist es, verschiedenen Benutzern zur Lösung unterschiedlicher Aufgaben unterschiedliche und veränderte Sichten derselben Daten anzubieten. Es ist die Datenmehrfachnutzung, die Datenbankexperten seit jeher vor sehr schwierige Aufgaben stellt. Wenn existierende Datenbanken verbunden werden, können sie umfangreicher genutzt werden. Es ist damit zu rechnen, daß ein Verbund existierender Datenbanken zu einer Steigerung der Datenmehrfachnutzung führt. Welche Schwierigkeiten wie zu überwinden sind, um in einem "Superschema" zu einem gemeinsamen Verständnis zu kommen, ist noch weitgehend unbekannt. Weber hält es in /2/ z.B. sogar für höchst unwahrscheinlich, daß bei komplexen Unternehmungen eine logische Konsistenz je erreicht wird.

Abb. 1: Benutzer vor einer Datenbank

2. Datenbanken in Rechnernetzen

Es soll nun der Frage nachgegangen werden, was eine Einbeziehung von Datenbanken in Rechnernetze für den Datenbankentwickler bzw. für den Benutzer bedeutet. Dazu ist zunächst zu klären, welche Beziehungen zwischen den Instanzen Datenbank und Trägersystem (Rechenanlage und Betriebssystem) relevant sind.

Diese Beziehungen werden erkennbar, wenn wir uns nicht nur für die <u>Regeln</u> des Datenverkehrs zwischen Benutzer und Datenbanksystem, d.h. für die Benutzerschnittstelle, sowie zwischen Datenbanksystem und Datenbasis interessieren, sondern auch

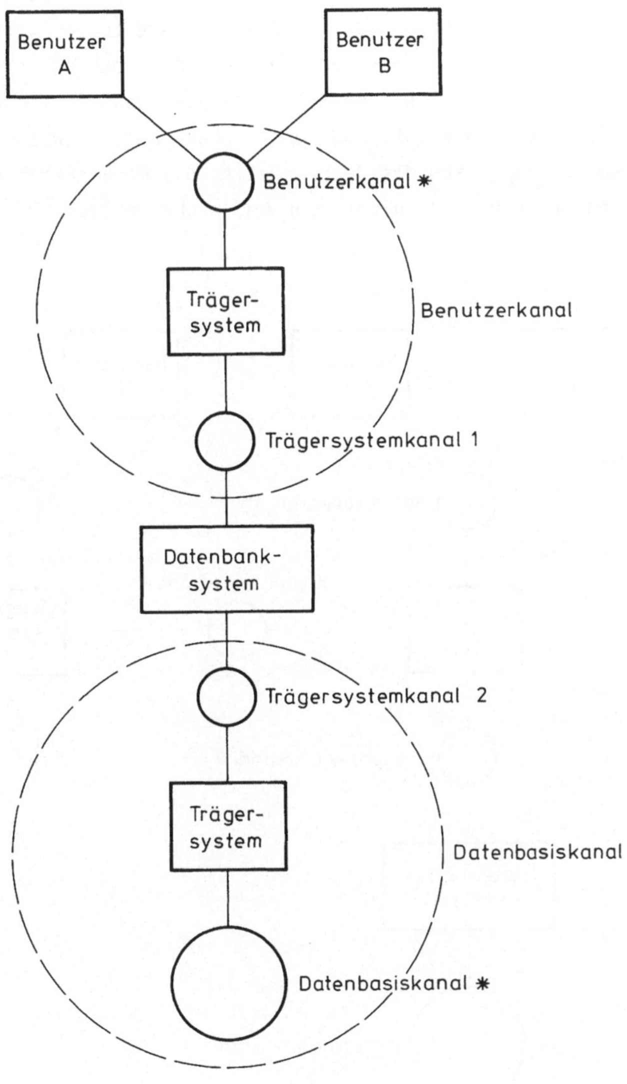

Abb. 2: Verfeinerung der Kanäle in Abb. 1

für die <u>Konstruktion der Kanäle</u>, über die der Datenaustausch erfolgt (Abb. 2). Weil
Schnittstellenbeschreibungen nicht Bezug nehmen dürfen auf interne Aspekte der
Kanäle, machen interne Änderungen der Kanäle auch keine Änderungen der Schnitt-
stellen erforderlich /1/.

Eine Einbeziehung von Datenbanken in Rechnernetze bedeutet nun, daß wir in unserem
Modell das bisherige (Einrechner-)Trägersystem durch ein Rechnernetz-Trägersystem
ersetzen. Weil es sich hierbei um eine interne Änderung des Benutzer- und Datenbasis-
kanals handelt, sollten keine Auswirkungen auf die zugehörigen Schnittstellen zu
erwarten sein. Eine Einbeziehung der <u>heutigen</u> Datenbanken in Rechnernetze stellt
den Datenbankentwickler nicht vor grundsätzlich neue Probleme. Denn der Übergang
von dem Einrechner-Trägersystem auf das Rechnernetz-Trägersystem im Benutzerkanal
bewirkt, daß den Benutzern des Rechnernetzes die Möglichkeit des Fernzugriffs auf
die Datenbank gegeben wird, nicht mehr und nicht weniger. Die analoge Änderung im

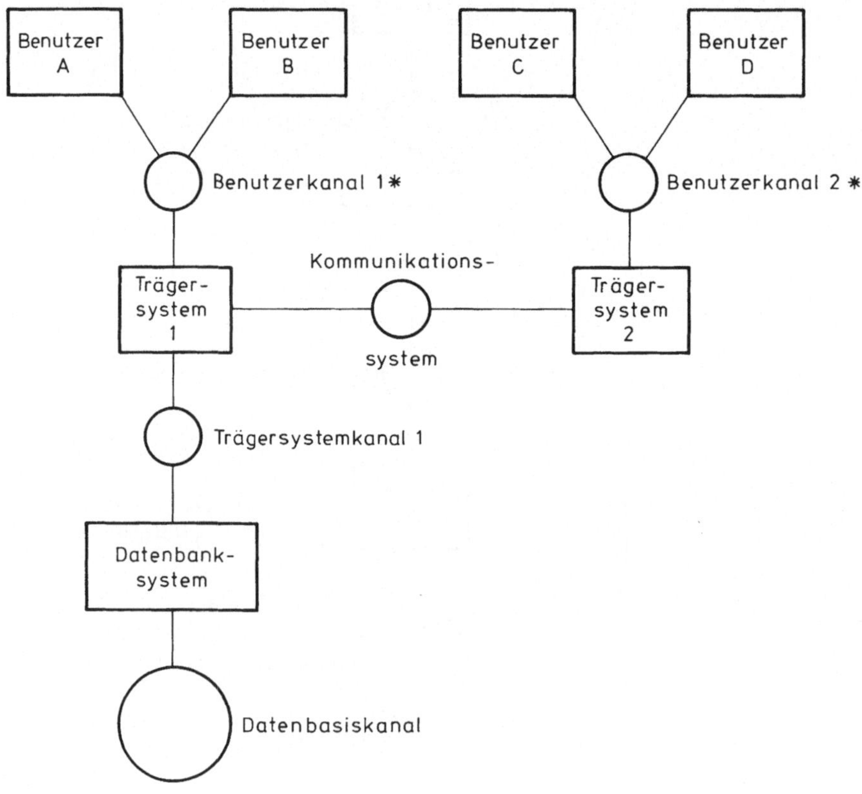

Abb. 3: Fernzugriff

Datenbasiskanal hat keine Auswirkung, weil heute Datenbanken immer auf einem Rechner lagern (Abb. 3). Stützt sich also eine herkömmliche Datenbank auf ein physisch verteiltes Trägersystem, so ist dies noch kein Grund von einer verteilten Datenbank zu sprechen. Den Datenbank-Entwickler interessieren also nicht so sehr das physisch verteilte Trägersystem selbst, sondern vielmehr die Konsequenzen, die sich aus dem Vorhandensein eines Rechnernetzes ergeben, und die Möglichkeiten, die ihm durch das neue Trägersystem eröffnet werden. Ein Übergang zu dem Rechnernetz-Trägersystem im Datenbasiskanal ermöglicht eine neuartige Architektur, nämlich die einer auf ein Rechnernetz <u>verteilten Datenbank</u>.

Obwohl sich bei einer Datenbank grundsätzlich zwei Funktionseinheiten (Datenbanksystem und Datenbasis) zur Verteilung anbieten, ist es zunächst naheliegend, nur den Spezialfall einer verteilten Datenbasis zu betrachten (Abb. 4). Dabei will ich nicht auf die konkreten Möglichkeiten der Zerlegung einer Datenbasis eingehen, denn

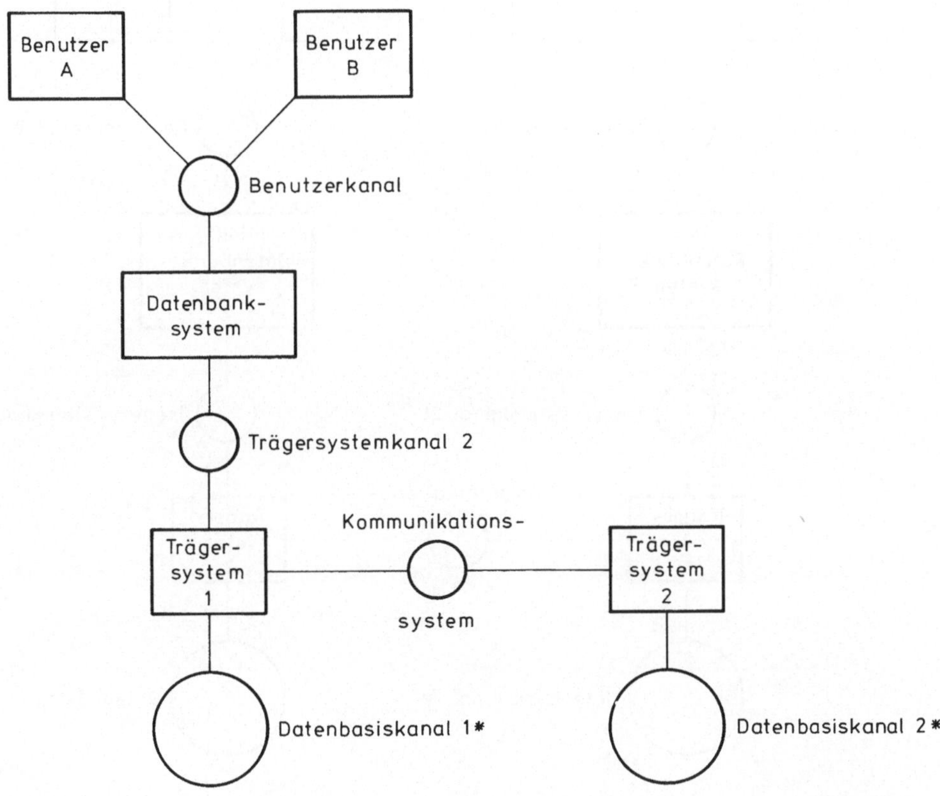

Abb. 4: Verteilte Datenbasis

dies wird ausreichend in anderen Schriften (z.B. in /3,4/) abgehandelt, sondern auf
den Zugang. In Abb. 4 erfolgt der Zugang zur Datenbasis wie bisher ausschließlich
über das Datenbanksystem. Allein aus Datenschutzgründen (unerlaubter Zugriff auf
Daten; vorsätzliche oder zufällige Zerstörung, Modifikation von Daten) und aus Kon-
sistenzgründen darf kein anderes Programm ohne Absprache auf eine von einem Datenbanksystem verwaltete Datenbasis zugreifen. Es wird sehr schnell klar, daß in einer
verteilten Datenbank, in der zwar die Datenbasis, aber nicht das Datenbanksystem
auf die Knoten eines Rechnernetzes verteilt sind, das Datenbanksystem zum Flaschen-
hals werden kann, daß von einer effektiven Nutzung der verteilten Daten nicht ge-
sprochen werden kann. Was gebraucht wird sind Programme, die physisch in der Nähe
der ausgelagerten Daten lagern und die eine Zugriffsberechtigung auf die verteilten
Daten besitzen. Läßt man derartige Programme zu, so haben sie die Rolle des Datenbanksystems zu übernehmen (Abb. 5).

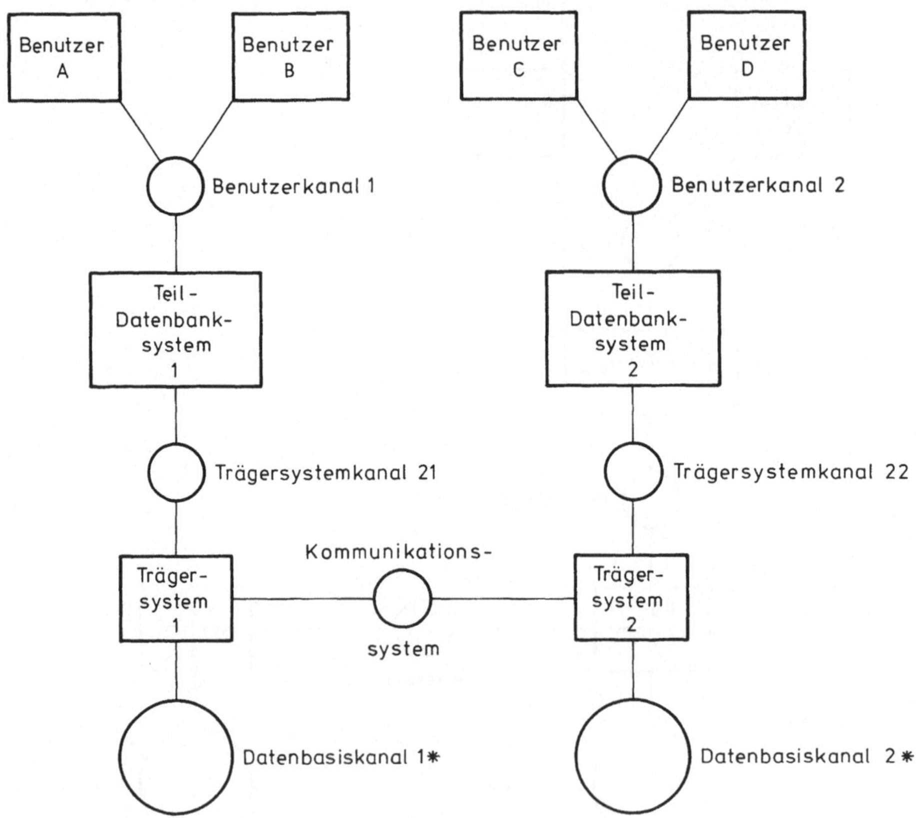

Abb. 5: Verteilte Datenbank

Die Verteilung der Datenbank, der Funktionseinheiten Datenbanksystem und Datenbasis, führt zu einem System von relativ autonomen Teildatenbanken, die über das Rechnernetz-Trägersystem kommunizieren und kooperieren. Auf diese integrierende Rolle
des Rechnernetzes wird nachdrücklich hingewiesen. Denn eine Auf- und Verteilung von
Datenbanken auf separate autonome Rechner nehmen Unternehmungen schon lange vor.
Solange aber die Teildatenbanken von mehreren (untergeordneten) Instanzen kontrolliert
werden und die Verknüpfung der Teildatenbanken zu einer Einheit (über menschliche
Instanzen) in den Hintergrund tritt, spricht man von <u>dezentralen Datenbanken</u>. Als
Beispiel seien hier die dezentralen Datenbanken der F.N. City Bank New York /5/
angeführt, die in der Fachwelt häufig fälschlicherweise als Beispiel einer verteilten Datenbank zitiert werden. Es wird hier nicht behauptet, daß jede Zerlegung
einer Datenbank zu einer verteilten Datenbank führen muß. Existieren Interessengruppen so, daß sich die Gesamtdatenbasis disjunkt zerlegen läßt, so führt dies
auch beim Vorhandensein eines Rechnernetzes zu dezentralen und keineswegs zu verteilten Datenbanken. Die Existenz mehrerer Datenbanken in einem Rechnernetz allein
ist kein Kriterium für eine verteilte Datenbank. Charakteristisch für eine verteilte
Datenbank ist vielmehr die <u>automatische</u> Integration, Koordination und Kooperation
der relativ autonomen Teildatenbanken. Insofern setzen verteilte Datenbanken Rechnernetze voraus.

3. Motive für verteilte Datenbanken und zur Rolle der Kleinrechner

Wenn sich Unternehmungen für verteilte Datenbanken interessieren, können sehr unterschiedliche Motive dominieren: die Schaffung einer Datenbank hoher Qualität, die
Aufteilung einer existierenden Datenbank, die variable Mehrfachnutzung existierender
Datenbasen. Welche Motive vorherrschen, hängt in erster Linie ab von der "Datenbankvergangenheit" der Unternehmung. Von dieser Datenbankvergangenheit ist auch die
Rolle abhängig, die Kleinrechner in den Rechnernetzen mit verteilten Datenbanken
spielen.

Die meisten Freiheitsgrade beim Aufbau einer Datenbank haben Unternehmungen, die
bisher <u>ohne</u> Datenbanken waren. Hier bestehen sehr gute Aussichten, durch die Einbeziehung von Kleinrechnern, durch eine Kombination der neuesten Technologien von
Software, Datenbanken und Rechnernetzen neuartige Datenbanken hoher Qualität zu
entwickeln, sofern tatsächlich Bedarf besteht und die Finanzierung gesichert ist.
Der Schwierigkeitsgrad und der Umfang einer solchen Aufgabe sind jedoch immens. Beinhaltet doch ein derartiges Vorgehen die Definition der Anwendungsgebiete, die
Sammlung, Erfassung und Darstellung von Daten, die Aufteilung und Verteilung von
Daten, Datenbankfunktionen und Geräten sowie die Realisierung und Integration rela-
tiv autonomer Teildatenbanken.

Die Auswahl und Abbildung der relevanten Ausschnitte der betrachteten Realität
treten in den Hintergrund, sobald in der Unternehmung eine Datenbank existiert.
In den Vordergrund tritt der Übergang zu einer neuen Datenbankarchitektur, in der
ohne Verlust der logischen Einheit Datenbankkomponenten physisch verteilt sein
können. Es sind vor allem die Kleinrechner, die eine Dezentralisierung attraktiv
erscheinen lassen (man erwartet schnelleren Datenzugriff, mehr Datenschutz, erhöhte
Verfügbarkeit, ...) und die Rechnernetze, die eine Wiederherstellung der ursprüng-
lichen Datenbankeinheit ermöglichen. Die in die existierende Datenbank eingebrachten
hohen Investitionen und die schrittweise Entwicklung der verteilten Datenbank, die
sich über einen langen Zeitraum erstreckt, machen zumindest eine befristete
Koexistenz der alten und neuen Datenbank erforderlich /6/. Der Zwang zur Einbeziehung mittlerer und großer Rechner, auf welchen in der Regel die heutigen Datenbanken lagern, machen hier ein homogenes Kleinrechnernetz als Träger der verteilten
Datenbank zur Illusion.

Sobald in einer Unternehmung mehrere Datenbanken existieren, spielen Kleinrechner
nur noch eine untergeordnete Rolle, weil die im Einsatz befindlichen Datenbanken
fast ausschließlich auf mittleren und größeren Rechnern lagern. Nicht die Aufteilung einer Datenbank, sondern der Verbund dezentraler Datenbanken führt hier zu
einer verteilten Datenbank. In erster Linie gilt es Koexistenzprobleme zu lösen,
nämlich die Koexistenz verschiedener Benutzersichten, die Koexistenz verschiedener
Manipulationssprachen, die Koexistenz existierender Datenbasen /7/. Eine Integration
nicht für einen Verbund konzipierter Datenbanken kann kaum zu einem System hoher
Qualität führen, wohl vermag sie dem Entwickler den Weg zu einer verbundgerechten
Datenbank aufzuzeigen. Die hohen Investitionskosten für die existierenden Datenbanken, der Zwang zur Rationalisierung und der Zwang zur schnelleren Aktion und
Reaktion in einer sich stetig ändernden Umgebung erfordern eine umfassendere,
effektivere und variablere Nutzung der existierenden Datenbasen. Ein Verbund
existierender Datenbanken gestattet, daß dieselben Daten nicht nur lokal, sondern
global in der gesamten Unternehmung von verschiedenen Benutzern für verschiedene
Aufgaben genutzt werden können. Gleichzeitig sind die Daten nicht mehr auf bestimmte
genau bekannte Aufgaben zugeschnitten. Eine Kombinierbarkeit großer Datenmengen
wird in der Unternehmung zu einer Verbesserung der Problemlösung und Entscheidungs-
findung, also zu einer Datenbankunterstützung bei der Bearbeitung von ad hoc-Auf-
gaben führen.

Aus zwei Gründen sollten Kleinrechner nicht Mittelpunkt der Diskussion um verteilte
Datenbanken sein:

a) Die Masse der Daten lagert heute nicht auf Kleinrechnern. In die Diskussion über
   verteilte Datenbanken sind alle Datenbankbenutzer einzubeziehen, insbesondere

solche, die in der Vergangenheit wertvolle Erfahrungen mit großen Datenbanken gewonnen haben.

b) Die zu lösenden Probleme der Koexistenz autonomer Datenbanken existieren unabhängig davon, ob es sich bei den Komponenten des Rechnernetzes um kleine, mittlere oder große Rechner handelt.

4. Verbund von FIDAS-Datenbanken

4.1. Ziele im Vorhaben VERBIS

Im Vorhaben VERBIS soll zur Demonstration und zur Erprobung einer Integration von Anwendungen schrittweise ein Verbund existierender Datenbanken realisiert werden.

Ausgangspunkt ist eine hypothetische Unternehmung, in der lokale Interessengruppen isolierte Datenbanken benutzen, die unabhängig voneinander evtl. an verschiedenen Orten i. allg. auf separaten Rechnern zur Lösung spezieller Aufgaben installiert worden sind. In einer sich stetig ändernden Umgebung ändern sich sowohl die Anforderungen an die Unternehmung (Kunden verlangen z.B. neue Leistungen) als auch die technischen Möglichkeiten der Unternehmung (neue Technologien stehen zur Verfügung; z.B. die Technologie der Rechnernetze). Es entstehen globale Interessengruppen, die zur Lösung ihrer Aufgaben Zugang zu solchen Daten benötigen, die bereits für andere Anwendungen erfaßt wurden und bereits verstreut auf mehreren autonomen Datenbanken lagern. Es gilt also in der Unternehmung neue Datenbankanwendungen zu erschließen und gleichzeitig dem unaufhaltsamen Anwachsen der Daten entgegenzutreten.

Es wird weiter angenommen, daß die Rechner der Unternehmung vernetzt sind und die vorhandenen Datenbanken so gekoppelt werden, daß die globalen Benutzergruppen folgende Dienste in Anspruch nehmen können:

- lesenden Datenzugriff
- Datenzugang über die vertrauten Benutzerschnittstellen (DDL, DML) der existierenden Datenbanken
- in einer Transaktion über eine der existierenden Datenbanken Zugang zu Daten, die von mehreren Datenbanksystemen verwaltet werden, ohne Kenntnis des Lagerungsortes
- Kombination verstreut liegender Datenmengen

Bei Inanspruchnahme dieser Dienste soll die Arbeit der lokalen Interessengruppen möglichst ungestört weiterlaufen.

Im Gegensatz zu anderen Arbeiten, die eine völlige Neugestaltung des Datenbanksystems
sowie eine Transformation der existierenden Datenbasen und der Anwendungsprogramme
vorschlagen/ 3,8,9,lo/, wird in VERBIS ein evolutionärer Ansatz für den Übergang
zu einer neuen Datenbank verfolgt. Diese Vorgehensweise erfordert zunächst keine
Untersuchung zur optimalen Verteilung der Hardware, der Datenbankfunktionen und
der Daten und auch nicht zur Einbettung der verteilten Datenbanken in die Unternehmung. Der eingeschlagene Weg führt in VERBIS automatisch zu einer Einschränkung
des nahezu unüberschaubaren Problembereichs des Gebietes 'verteilte Datenbanken'.
Bei der Konzentration auf die Realisierung von Softwarekomponenten zur Integration,
Koordination und Kooperation autonomer Datenbanken treten vor allen Dingen Koexistenz-
und Schnittstellenprobleme in den Vordergrund. Ich möchte auf ähnliche Ansätze bei
IBM in Palo Alto /6/ und der Universität Grenoble /11/ verweisen. Charakteristisch
für deren Arbeiten ist ebenfalls das Bemühen, durch eine Kombination der bisherigen
Daten- und Programm-Übersetzungstechnologien, der Rechnernetztechnologie , der Daten-
banktechnologie (drei Schema-Ansatz von ANSI/X3/SPARC /12/) und der existierenden
Datenbanken zu neuen Datenbanken, zu Spezialfällen verteilter Datenbanken, zu
gelangen. Ein allmählicher Übergang zu einer neuen Datenbank, die den neuen
Anforderungen der Unternehmung genügt, die neue Techniken berücksichtigt und die
zu teuren Transformationen existierender Datenbasen und Anwendungsprogramme ver-
meidet, sollte die unvermeidlichen Änderungen für Unternehmungen erträglicher
machen.

Bevor in VERBIS die Realisierung eines experimentellen Verbundes grundsätzlich
verschiedener Datenbanken in Angriff genommen wird, sollen zunächst zwei gleichartige Datenbanken so verbunden werden, daß eine Retrieval-Transaktion von beiden
 Systemen   kooperativ bearbeitet werden kann. Dazu wurde das im Institut für
Informationssysteme der GMD entwickelte Formularorientierte Interaktive DAten-
bank-System FIDAS ausgewählt.

4.2. Charakteristische Eigenschaften von FIDAS

FIDAS ist ein autonomes (self-contained) Datenbanksystem mit einfacher Datenstruktur
für formatierte und nichtformatierte Datenbestände. Es bietet dem Benutzer durch
seine Orientierung auf Dialogbetrieb, durch seine Formulardialogtechnik und durch
seinen Funktionsumfang überall dort eine wirksame Unterstützung, wo eine Datei-
änderung im Dialog, eine vielseitige Dateiauswertung und komfortable Ausgabemög-
lichkeiten gefordert sind /13/.

Da für einen Verbundbenutzer nur der Datendefinitionsteil und der Abfrageteil von
FIDAS relevant sind, wird hier auf alle anderen Funktionen nicht näher eingegangen.

Eine FIDAS-Datenbasis besteht aus einer Menge von Ablagedateien, die jeweils nur
Sätze eines Typs enthalten. In einem Ablageschema werden Dateiname, Feldnamen
und Feldlängen spezifiziert. Das Ablageschema ist veränderbar, wenn auch nur unter
ganz bestimmten Voraussetzungen.

Für Abfragen stehen einem FIDAS-Benutzer zwei Arten von Sprachmitteln zur Verfügung,
nämlich Sprachmittel, die den Vorgang einer Abfrage-Formulierung unterstützen (An-
weisungsformulare zeigen; Aufträge abspeichern, zeigen, löschen, drucken; Auf-
tragsbibliotheken einrichten ...) und Sprachmittel, mit deren Hilfe die FIDAS-
Abfragefähigkeiten in Anspruch genommen werden.

Ein Abfrageauftrag erzeugt aus einer Ablagedatei oder einem speziellen Paar von
Ablagedateien durch Auswahl von Sätzen oder Satzkombinationen aufgrund von Bedingungen und durch Ableitung neuer Feldinhalte aus Inhalten qualifizierter Sätze eine
Ausgabedatei. Aggregatoperatoren und arithmetische Verknüpfungen von Feldinhalten
sind zugelassen. Ein Vergleich der Abfragefähigkeiten von FIDAS und einem relationalen
System (z.B. INGRES) ergibt ein schwächeres Auswahlvermögen bei FIDAS (eine Frage
bezieht sich höchstens auf zwei Ablagedateien, nur Equi-Join), allerdings ein ver-
gleichbares Ableitungsvermögen /14/.

4.3 Benutzerschnittstelle in einem FIDAS-FIDAS-Verbund

Es ist nicht ohne weiteres davon auszugehen, daß verteilte Datenbanken, die durch
einen Verbund existierender Datenbanken entstehen, lediglich größere Datenbanken
sind. Vielmehr ist zu erwarten, daß die Möglichkeiten zur variablen Kombination
großer Datenmengen qualitativ neue Anwendungsgebiete erschließen werden. Wenn folg-
lich zu vermuten ist, daß lokale und globale Interessengruppen unterschiedliche
Anforderungen stellen werden, andererseits aber in VERBIS versucht werden soll, dem
Datenbankverbundbenutzer die existierenden Benutzerschnittstellen zu erhalten, so
stellt sich die Frage, ob die FIDAS-Datendefinitions- und Abfrageschnittstelle auch
für einen FIDAS-FIDAS-Verbund geeignet ist. Zur Beantwortung dieser Frage werden im
folgenden potentielle Datenbankverbundbenutzer und deren Anforderungen identifiziert.

Eine Betrachtung menschlicher Problembearbeitungsprozesse läßt erkennen, daß eine
neue bisher ungelöste Aufgabe gelöst wird, indem auf existierende Informationsbasen
zurückgegriffen wird, die nicht auf die zu lösende Aufgabe zugeschnitten sind.

Beispiele für Anwendungsgebiete, in welchen eine Vielfalt nichtvorhersagbarer
Aufgabenstellungen auftreten, sind Planungs- und Entscheidungsprozesse in Unter-
nehmungen. Typisch für Planungs- und Entscheidungstätigkeiten ist nämlich, daß
Daten verarbeitet werden, die meist aus vielen verschiedenen Quellen stammen und die

von relativ autonomen Instanzen lokal gesammelt und verwaltet werden, daß nicht so
sehr Rohdaten, sondern vielmehr analysierte, transformierte, d.h. vorverarbeitete
Daten benötigt werden /15/. Zur Veranschaulichung sei hier auf die existierenden
Datenbanken von Kranken-, Renten-, Unfallversicherungen, der Bundesanstalt für
Arbeit, von Verbänden hingewiesen. Wichtige Entscheidungen des Bundesministers für
Arbeit und Sozialordnung basieren auf Verknüpfungen aggregierter Daten der eben
genannten Datenbanken /16/. Häufig macht erst eine Verknüpfung von Daten verschie-
dener Kontexte eine Signalinformation erkennbar.

Für die betrachteten potentiellen Datenbankverbundbenutzer steht also nicht so
sehr die Wiedergewinnung explizit abgespeicherter Basisdaten und Beziehungen im
Vordergrund, sondern vielmehr die Ableitung neuer bisher in der verteilten Datenbasis nur implizit vorhandener Daten und Beziehungen. FIDAS entspricht diesen Anforderungen im Grundsatz. Denn der Auswahlmechanismus zur Reduktion von Sätzen und
Satzkombinationen beinhaltet auch die Möglichkeit zur Verknüpfung von Dateien, eine
Grundvoraussetzung in einem Datenbankverbund. Mit der Gruppenbildung steht darüber
hinaus eine sehr wichtige Operation zur Vorbereitung von Ableitungen und zum Auf-
zeigen impliziter Beziehungen zur Verfügung. Zur Ableitung neuer Daten und Beziehungen bietet FIDAS mit einer Reihe von Aggregatoperatoren (zur spaltenweisen Verdichtung von Feldinhalten), der Projektion (zur Reduktion von Feldnamen) und den
arithmetischen Operatoren (zur zeilenweisen Verdichtung von Feldinhalten) relativ
mächtige Operatoren an. In einem FIDAS-FIDAS-Verbund können also charakteristische
Abfrage-Leistungen erprobt und getestet werden, die von zumindest einer Klasse
potentieller Verbundbenutzer gefordert werden. Ohne Änderung der FIDAS-Abfragesprache läßt sich ziemlich vollständig die Kooperation zweier FIDAS-Prozesse bei
der Bearbeitung einer relationalen 'two-variable query mit equi-join' untersuchen.
Die große Schwäche der FIDAS-Abfrageschnittstelle ist die Einschränkung der Kopplung auf zwei Ablagedateien. Es sind im wesentlichen zwei Gründe, die gegen eine
Erweiterung des Kopplungsmechanismus auf mehr als zwei Dateien sprechen: Einerseits wäre eine Änderung der Formularsprache und der zugehörigen Programme erforderlich. Dies würde einem unserer Grundsätze widersprechen, wonach langwierige und
mit hohen Kosten verbundene Programmierarbeiten zur Lösung nichtverbundspezifischer
Probleme minimal bleiben sollen. Andererseits würde ein mächtigerer Kopplungsmechanismus sofort zu einer Untersuchung einer Kooperation von mehr als zwei FIDAS-
Prozessen verführen. Es ist jedoch zu vermuten, daß bereits ein experimenteller
Verbund zweier autonomer FIDAS-Prozesse zu zahlreichen und interessanten Erkennt-
nissen und Einsichten führen wird.

Die Abfragesprache muß immer im Zusammenhang mit der Datendefinitionssprache ge-
sehen werden. FIDAS-Benutzern stehen Sprachmittel zur Definition von Dateinamen,
Feldnamen und Feldlängen zur Verfügung. Verbundbenutzer, die Daten mehrerer lokaler
Interessengruppen nutzen, sind durchaus in der Lage (nach Absprache mit den

lokalen Benutzern) mit der vorhandenen Definitionssprache die benötigten Ablagedateien und Felder zu deklarieren. Zwar ist die Datendefinition nur dann erfolg-
reich, wenn die Namen der Ablagedateien in der verteilten Datenbank eindeutig
sind. Weil Dateinamen leicht änderbar sind, läßt sich eine Eindeutigkeit auch in
einem Verbund existierender Datenbanken herstellen. Der Verbundbenutzer gerät aber
in die vollständige Abhängigkeit vom Datenbesitzer, weil er gezwungen ist, dieselben Namen zu verwenden wie die lokalen Benutzer. Jeder Änderung eines Datei-
bzw. Feldnamens macht eine Änderung im "globalen externen Schema" des Verbundbenutzers erforderlich.

Mit den vorhandenen Sprachmitteln sind weder Integritäts- noch Zulassungsbedingun-
gen spezifizierbar. Charakteristische Angaben über Ablagedateien (z.B. Kopplungs-
möglichkeiten, Vereinigungsverträglichkeiten) und Verbundbenutzer (z.B. Mobili-
tätsangaben), die für eine effiziente Abarbeitung von Fragen eine große Rolle
spielen, können dem Verbundsystem nicht übermittelt werden. Selbst für Experimen-
tal- und Demonstrationszwecke reichen die vorhandenen FIDAS-Sprachmittel zur Datendefinition nicht aus. Zu beachten ist, daß diese Aussage aus einer Mischung
von verbund- und nichtverbundspezifischer Qualitätsanforderungen abgeleitet wird.
Der Übergang von einer externen Sicht (pro Ablagedatei) für alle Benutzer zu einer
externen Sicht für jeden einzelnen Verbundbenutzer führt z.B. zu einer qualita-
tiven Verbesserung von FIDAS-Leistungen.

Momentan beabsichtigen wir nicht, eine neue FIDAS-Datendefinitionssprache zu entwerfen. Wir glauben, daß zur Durchführung unserer Experimente eine ad hoc-Lösung
ausreicht, weil wir uns primär dafür interessieren, welche Informationen zweck-
mäßigerweise in einem globalen externen Schema abzulegen sind und nicht wie die
Informationen zu spezifizieren sind. Dies hat zwei bedeutsame Konsequenzen. Zum
einen erhalten wir die Möglichkeit, neue Operatoren einzuführen und durch Prädikate (relationale 'retrieve queries') virtuelle Dateien zu definieren. Dadurch sind
die Abfragefähigkeiten ohne Änderung der FIDAS-Abfragesprache beliebig erweiterbar.
Zum anderen besteht keine Möglichkeit zur Demonstration der Datendefinition, weil
keine FIDAS-adäquate Datendefinitionssprache für Verbundbenutzer existiert.

4.4 Kooperationskonzept für einen FIDAS-FIDAS-Verbund

Das Kooperationskonzept setzt voraus, daß zwei FIDAS-Datenbanken (F1, F2) über ein
Rechnernetz kommunizieren können, daß die globale externe Sicht des Verbundbenutzers
definiert ist und daß der Verbundbenutzer die lokale FIDAS-Abfragesprache verwendet.
Im folgenden werden die Rollen der Instanzen FIDAS F1, FIDAS F2 und der Verbund-
instanz V bei der kooperativen Bearbeitung eines globalen Abfrageauftrags (der sich
auf Ablagedateien von F1 und F2 bezieht) betrachtet (Abb. 6).

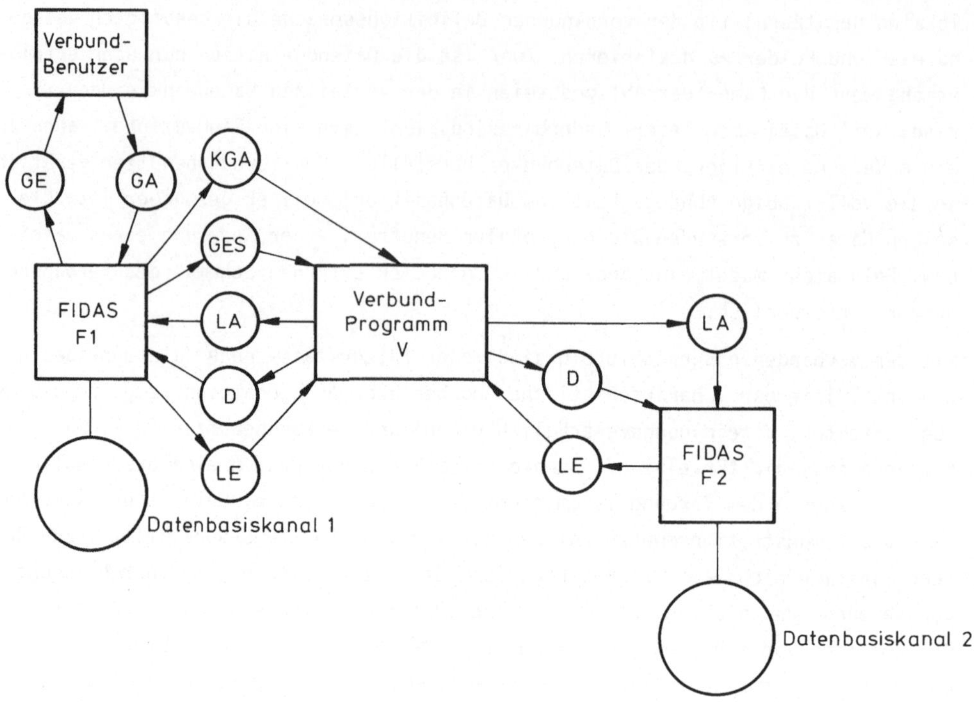

Abb. 6: Kooperative Bearbeitung eines globalen Abfrageauftrags
  GA = globaler Abfrageauftrag
  GE = globales Ergebnis
  KGA = korrekter globaler Abfrageauftrag
  GES = globales externes Schema
  LA = lokaler Abfrageauftrag
  D   = Daten
  LE = lokales Ergebnis

Es sei F1 die Heimatdatenbank des Verbundbenutzers (andere Verbundbenutzer haben F2 zur Heimatdatenbank). Dann bietet F1 im Gegensatz zu F2 zwei Instanzen seine Dienste an, nämlich dem Verbundbenutzer und dem Verbundprogramm V. Dem Verbundbenutzer leistet F1 Hilfestellung bei der Formulierung des globalen Abfrageauftrags. Ferner übernimmt F1 die globale Frage, leitet sie nach der syntaktischen Prüfung an V weiter und wird anschließend wie F2 Sklave von V. F1 und V teilen sich also die Kontrolle bei der Bearbeitung des globalen Abfrageauftrags. F1 behält die Kontrolle, solange verbundunabhängige Aktivitäten erforderlich sind. Verbundabhängige Tätigkeiten kontrolliert V. Als Sklaven leisten F1 und F2 alle FIDAS-Dienste, die V zur Bearbeitung des globalen Abfrageauftrags benötigt und anfordert.

Hervorzuheben ist, daß als Kommunikationsebene zwischen V und F1, F2 die Ebene der FIDAS-Benutzersprache gewählt wurde. V erhält also von F1 den syntaktisch richtigen

Quelltext der globalen Anfrage und fordert von F1 und F2 die FIDAS-Dienste in der
Formularsprache an. Für die Auswahl dieses Lösungsansatzes war entscheidend, daß
die existierende Datenbanksoftware möglichst nicht modifiziert werden sollte, daß
V unabhängig bleiben sollte von den Interna der existierenden Datenbanken. Ausschlag-
gebend war ferner die Tatsache, daß die Beschreibungen der Benutzerschnittstellen
am ehesten vollständig und am leichtesten zugänglich sind. Einige andere Lösungs-
möglichkeiten werden in /17/ beschrieben.

Die Rolle von V wird klar, wenn man einen Benutzer einer globalen Interessengruppe
mit einem Fernzugriff zu dezentralen Datenbanken bei der Lösung seiner Aufgabe be-
obachtet. Er ist gezwungen, seine Tätigkeit so in Arbeitsschritte zu <u>zerlegen</u>, daß
sich ausschließlich Fragen ergeben, die sich nur auf eine Teildatenbasis beziehen.
Er muß die Zerlegung <u>verifizieren</u> und in die FIDAS-Sprache <u>übersetzen</u>, die Einzel-
schritte so <u>anordnen</u> und an die Datenbanken <u>verteilen</u>, daß die Lösung der Aufgabe
möglichst schnell erreicht wird. Schließlich muß er Zwischenergebnisse <u>verknüpfen</u>,
Teilfragen <u>ergänzen</u>, neue FIDAS-Aufträge <u>formulieren</u> und das Endergebnis <u>zusammen-
stellen</u>. Das Verbundprogramm übernimmt all diese Aktivitäten vom Benutzer, d.h.
Verarbeitungskapazität und Wissen werden vom Benutzer in die Datenbank verlagert.

5. Schluß

In einer sich stetig ändernden Welt, in der immer größere Datenmengen von Datenbanksystemen verwaltet werden, ist ein revolutionärer Übergang zu neuen Datenbank-
generationen allein aus wirtschaftlichen Gründen keine adäquate Lösung mehr.
Eine allmähliche Verbindung existierender Datenbanken mit Hilfe von Rechnernetzen
unter Berücksichtigung neuer Übersetzungs- und Datenbanktechniken führt zu neu-
artigen Datenbanken, die neuen Anforderungen genügen und gleichzeitig sehr auf-
wendige Transformationen bestehender Anwendungen nahezu überflüssig machen. Auch
wenn heute bei weitem nicht alle technischen Probleme bei der Realisierung von
Datenbankverbunden gelöst sind, so ist doch absehbar, daß derartige Verbunde realisiert werden. Absehbar ist aber auch, daß diese technische Entwicklung nicht zwangsläufig zu verbesserten Arbeits- und Lebensbedingungen führen wird. Ein Mißbrauch
verteilter Datenbanken, die irgendwann eine beliebige Kombinierbarkeit großer, verstreut liegender Datenmengen gestatten werden, ist schon jetzt vorstellbar.
Können wir es verantworten, verteilte Datenbanken zu realisieren, ohne der Frage
der Steuerung dieser technischen Entwicklung nachzugehen?

6. Literaturverzeichnis

/1/   Durchholz, Klutentreter, Richter, "Information management concepts (IMC)
       for use with DBMS interfaces", GMD-IIS, Bericht ADF 19, 24.3.76
/2/   H. Weber, "D-graphs: A conceptual model for data bases", Proc. ICS 1977,
       p.497-5o4
/3/   St.Y.W. Su, B.J. Liu, "A methodology of application program analysis and
       conversion based on database semantics", Proc. ACM-SIGMOD, August 3-5,1977,
       Toronto
/4/   G.M. Booth, "Distributed data bases - their structure and use", Distributed
       Systems, Infotech State of the Art Report, 1976
/5/   R.G. Mills, Vice President der First National City Bank New York, auf der
       Tagung 'Computer Security 76', 8.-9. Nov. 1976 in Amsterdam
/6/   E. Nahouraii, L.O. Brooks, A.F. Cardenas, "An approach to data communication
       between different generalized data base management systems", Proc. of
       VLDB Conference 1976, Brüssel, p.117-142
/7/   G.M. Nijssen, "On the gross architecture for the next generation database
       management systems", Proc. IFIP CONGRESS 1977, p.327-335
/8/   B.C. Housel, V.Y. Lum, N. Shu, "Architecture to an interactive migration
       System (AIMS)", Proc. ACM-SIGMOD, 1974, Ann Arbor, p.157-17o
/9/   A. Shoshani, "A logical-level approach to data base conversion", Proc.
       ACM-SIGMOD, 1975, San Jose, p.112-122
/1o/   E.J. Neuhold, H. Biller, "POREL: A distributed data base on an inhomogeneous
       computer network", Proc. of VLDB Conference 1977, Tokyo, p.38o-395
/11/   M. Adiba, C. Delobel, "The problem of the cooperation between different
       DBMS", IFIP-TC2 Working Conference, Nizza, Jan. 1977
/12/   ANSI/X3/SPARC Study Group on Data Base Management Systems, "The ANSI/X3/SPARC
       DBMS framework", ed. by D. Tsichritzis and A. Klug, Techn. Note 12,
       Computer Systems Research Group, University Toronto, July 1977
/13/   Datenbanksystem FIDAS, Kurzbeschreibung, GMD-IIS, März 1977
/14/   M. Domke, "Abfrageschnittstelle für Anwendungen mit globaler Sicht", Teil 1,
       GMD-IIS, Bericht VERBIS 1o, 8.6.1977
/15/   K. Lemgo, R. Tschirschwitz, "Variable Mehrfachnutzung großer Datenmengen
       - Erfordernis der EDV-Anwendung in der Problembearbeitung und -lösung",
       II. Wiss. Kolloquium zur Organisation der Informationsverarbeitung
       - Datenbanken für Problembearbeitung, Wiss. Zeitschrift der Humboldt-
       Universität zu Berlin, Math.-Nat. R. XXV (1976) 2, S.272-276
/16/   Herbert Schmidt, "Das Sozialinformationssystem der Bundesrepublik Deutsch-
       land", ADL-Verlag 1977
/17/   Christiansen, Domke, Wurch, "Ansätze zur Kopplung von Datenbanken", GMD-IIS,
       Bericht VERBIS 8, 16.11.1976

Realisierung eines Datenbanksystems mittels Spezialhardware und Kleinrechnern

Lehrstuhl D für Informatik
Technische Universität Braunschweig

W. Hartwig
V. Linnemann
G. Stiege

Folgende Effekte treten beim Betrieb von Datenbanksystemen anscheinend zwangsläufig auf:

1. Speicherplatz für Zugriffspfade

   Ein nicht unerheblicher Teil an Speicherkapazität (des Sekundärspeichers, der die Informationen der Datenbank enthält) geht für Verweise, Indextabellen, Zugriffspfadinformationen u. ä. verloren.

2. Kanal- und Arbeitsspeicherbelastung

   Zur Selektion der gewünschten Information aus dem Datenbestand müssen im allgemeinen Daten in sehr viel größerem Umfang vom Sekundärspeicher in den Rechner gebracht werden und belegen damit Kanäle und Hauptspeicher.

3. Ausnutzung des Rechnerkerns

   Insbesondere beim Retrieval wird die Zentraleinheit durch wenige, einfache, aber häufig benutzte Funktionen mißbraucht.

Diese "Zwangsläufigkeit" sollte jedoch näher untersucht werden. Besinnen wir uns auf eine elementare Möglichkeit, aus einem Datenbestand die Teilmenge festzustellen, die eine vorgegebene Bedingung erfüllt. Eine solche ist sicherlich die sequentielle Suche, also das Überprüfen jeder Dateneinheit (Satz, Tupel) daraufhin, ob sie die gegebene Bedingung erfüllt oder nicht. Ginge man diesen Weg, so entfiele zwar der unter 1 genannte Nachteil, aber die unter 2 und 3 angeführten wüch-

sen um ein Vielfaches an. Zudem stiege die Suchzeit ins Unvertretbare.
Bei sequentieller Suche sind aber die durchzuführenden Operationen ex-
trem einfach. So liegt der Gedanke nahe, diese Aufgaben nicht im Rechner selbst, sondern durch spezielle, angepaßte Hardware außerhalb des
Rechners ausführen zu lassen. Eine solche Hardware wäre imstande, diese einfachen Operationen schritthaltend oder sogar schneller durchzuführen als die Daten von einem Sekundärspeicher angeliefert werden. Damit eröffnet sich zusätzlich die Möglichkeit des parallelen Suchens auf
mehreren Datenträgern, so zum Beispiel auf mehreren Spuren eines Plat-
tenlaufwerkes. Mit einer solchen Lösung könnte allen 3 genannten Nach-
teilen begegnet werden.

Auf diesen Überlegungen basiert das Ende 1974 begonnene und aus Bundes-
mitteln geförderte Projekt "Suchrechner", das an der TU Braunschweig
vom Institut für Datenverarbeitungsanlagen und dem Lehrstuhl D für Informatik durchgeführt wird.

<u>Suchspeicher als Zugriffsmethode</u>

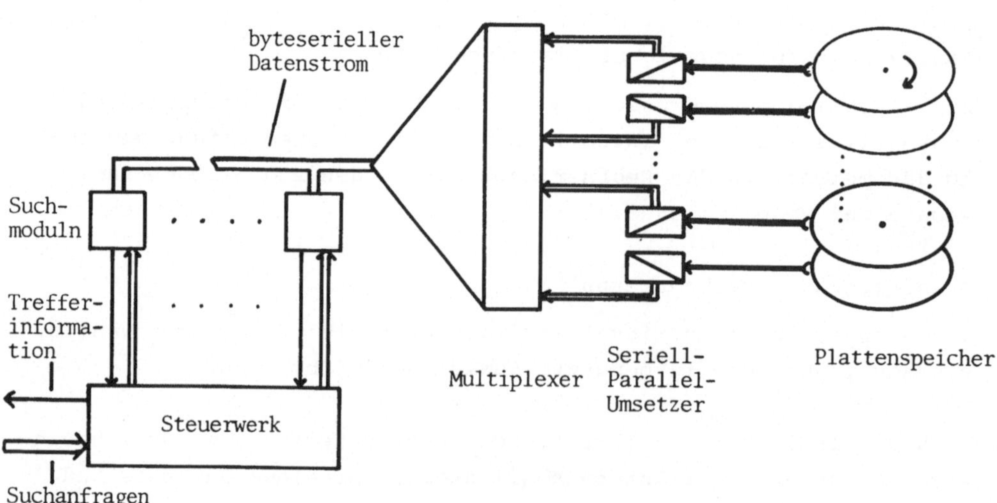

Bild 1: Datenwege zur Suche im Suchspeicher

Von allen m Oberflächen eines Plattenstapels (s. Bild 1) wird gleichzeitig gelesen. Die von den einzelnen Spuren stammenden Datenströme
werden zu einem einzigen Datenstrom mit m-facher Geschwindigkeit zu-

sammengefaßt. Die von den verschiedenen Spuren stammenden Informationen (Sätze) liegen damit byteweise ineinander verschachtelt vor, jedes m-te Byte gehört zu einer Spur und damit zu einem Satz. Dieser Datenstrom wird nun parallel an n *Suchmoduln* vorbeigeführt, die vorab mit den entsprechenden Vergleichsoperationen *(Suchanfragen)* geladen worden sind. Jeder Suchmodul führt die in ihm gespeicherten Vergleiche auf die in dem komprimierten Datenstrom enthaltenen Sätze durch und meldet eine festgestellte Übereinstimmung (Treffer) an ein zentrales *Steuerwerk*. Dies hält für jede Oberfläche die Anfangsadresse des aktuellen Satzes und meldet im Trefferfall diese Adresse zusammen mit der Angabe, welche Suchmoduln einen Treffer festgestellt haben, an einen vorgeschalteten Rechner weiter. Damit läßt sich innerhalb einer Plattenumdrehungszeit der gesamte Inhalt eines Zylinders mit bis zu n Anfragen untersuchen. Nimmt man an, daß es einem üblichen Digitalrechner möglich sei, die von einem Hintergrundspeicher gelieferten Daten gerade schritthaltend zu verarbeiten, so liegt bei einem solchen System eine um den Faktor n*m größere Leistung vor.

Datenformat und Vergleichsoperationen

Die Dateneinheit des Speichersystems ist ein Satz *(Suchrechnersatz)*. Dies entspricht z. B. einem Tupel des Relationenmodells. Ein solcher Satz enthält *Felder* und *Kategorien* z. B. wie im folgenden Schema:

(<db> steht für eine beliebige Folge von Datenbytes.)

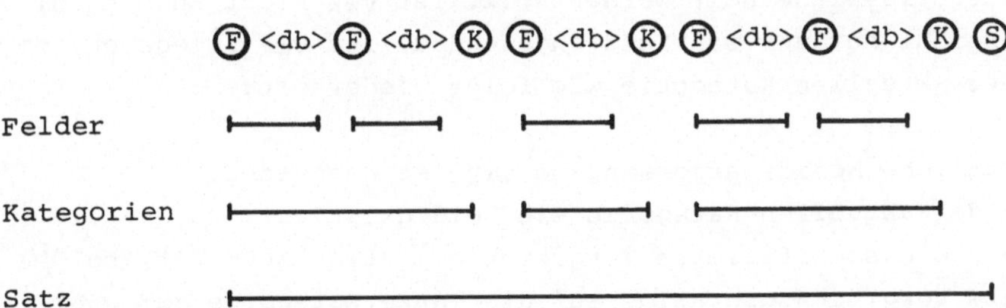

Die Sonderzeichen (F) *(Feldanfang)*, (K) *(Kategorienende)*, (S) *(Satzende)* sind hierbei spezielle Bytewerte. Ein Suchrechnersatz besteht also aus mehreren Feldern (Attributen), wobei aufeinanderfolgende Felder zu einer Kategorie zusammengefaßt werden können. Felder können variabel lang sein. Die Bildung von Kategorien entspricht damit der Bil-

dung von Wiederholungsgruppen. Eine Vergleichsoperation *(Suchbefehl)*
wird auf ein Feld oder konsekutiv auf die Felder einer Kategorie an-
gewandt (gesteuert durch die Modifikationsangaben s.u.) und bestimmt
den *Feldtreffer* bzw. *Kategorietreffer*. Mögliche Suchbefehlscodes sind:

BID	Vergleiche auf identisch mit Datenfeld
BID,VFI	Vergleiche auf nicht identisch mit Datenfeld
BGD	Vergleiche auf größer als Datenfeld
BGD,VFI	Vergleiche auf nicht größer als Datenfeld
BKD	Vergleiche auf kleiner als Datenfeld
BKD,VFI	Vergleiche auf nicht kleiner als Datenfeld

BME
BME,VFI
        Bittestbefehle   (s. Literatur)
BMN
BMN,VFI

BNL	Nullbefehl (Feldmaske)
BKR	Überlies Kategorienrest
BKN	Überlies Kategorienrest nicht (Test auf Kategorienendezei- chen)
BSR	Überlies Satzrest
BSN	Überlies Satzrest nicht (Test auf Satzendezeichen)

Die *Modifikationsangabe* VWK, die an den Befehlscode angefügt werden
kann, steuert, ob der Befehl nur auf ein Feld angewendet oder in der
aktuellen Kategorie wiederholt werden soll. Ist VWK nicht angegeben,
so wird der Befehl nur auf ein Feld angewendet, ist VWK angegeben, so
wird er in der aktuellen Kategorie wie folgt wiederholt:

a. Die zusätzliche Modifikationsangabe VWB ist angegeben:
    Falls in der aktuellen Kategorie ein Feld existiert, so daß die
    im Befehlscode spezifizierte Vergleichsoperation zutrifft, so
    trifft die Vergleichsoperation auf die ganze Kategorie zu; gibt
    es kein solches Feld, so trifft die Vergleichsoperation nicht zu.
    Die Kombination VWK,VWB entspricht also der Wirkung des Existenz-
    quantors in der aktuell betrachteten Kategorie.

b. VWB ist nicht angegeben.
    Die Vergleichsoperation trifft auf die ganze Kategorie zu, falls

die im Befehlscode spezifizierte Vergleichsoperation auf alle Felder zutrifft. Die Modifikationsangabe $_{VWK}$ ohne $_{VWB}$ entspricht also der Wirkung des Allquantors in der aktuell betrachteten Kategorie.

Die Bildung der endgültigen Aussage, ob ein Satz die Folge von Vergleichsoperationen befriedigt oder nicht, d.h. ob er Treffer oder nicht Treffer im Sinne der Suchanfrage ist, wird durch den *Verknüpfungscode* VBO gesteuert: Ist $_{VBO}$ hinter Befehlscode und Modifikationsangabe angegeben, so wird der Feld- bzw. Kategorietreffer durch die boolesche Operation "oder" zum bisherigen Zwischenergebnis verknüpft. Ist $_{VBO}$ nicht angegeben, so ist die Verknüpfung "und".

Beispiel:

In einer Bibliotheksdatenbank sollen für alle vorhandenen Bücher Datensätze im Suchrechnerformat angelegt werden. In jedem Satz soll gespeichert werden:

Dokumentnummer, Autor, Buchtitel, Liste von Dokumentdeskriptoren.

Eine mögliche Realisierung wäre die folgende:

(F) <Dokumentnummer> (K) (F) <Autor> (K) (F) <Titel> (K) (F) <Deskriptor$_1$> (F) .... (F) <Deskriptor$_n$> (K) (S)

d.h. Dokumentnummer, Autor und Titel sind je eine Kategorie, und die Liste von Deskriptoren bildet eine Kategorie.

Ein möglicher Satz wäre:

(F) 3712 (K) (F) Wedekind (K) (F) Datenbanksysteme (K) (F) Datenbank (F) Datenbanksystem (F) Informationssystem.... (K) (S)

Eine mögliche Suchanfrage:

Suche alle Dokumentsätze mit Autor=Wedekind, in denen etwas über Datenbanksysteme steht.

In Form von Suchrechnerbefehlen wird eine solche Anfrage wie folgt formuliert:

BKR	Überlesen der Dokumentnummer-Kategorie
BID WEDEKIND	Vergleich des Autor-Feldes mit der Zeichenreihe 'WEDEKIND'

BKR	Überlesen des Restes der Autor-Kategorie
BKR	Überlesen der Titel-Kategorie
BID,VWK,VWB DATENBANKSYSTEM	Suche in der Deskriptorenkategorie nach einem Feld 'DATENBANKSYSTEM'; UND-Verknüpfung mit dem Zwischenergebnis
BKR	Kategorierest überlesen
BSR	Satzrest überlesen

Eine solche Suchanfrage wird in einem Suchmodul (s. Bild 1 und Bild 2)
untergebracht.

Eine weitere Suchanfrage:

Suche alle Dokumentsätze, für die gilt:

Autor=Wedekind, oder es gibt einen Deskriptor Datenbanksystem.

Für die Realisierung dieser Anfrage ist in der vorigen Suchanfrage der
drittletzte Befehl zu ersetzen durch

BID,VWK,VWB,VBO DATENBANKSYSTEM.

Eine Anfrage der Art

Autor=Wedekind oder Autor=Date

ist keine suchrechnergerechte Suchanfrage, da ein Feld mehrfach vor-
kommt. Eine Anfrage dieser Art ist aufzuspalten in 2 Einzelanfragen,
die je einen Suchmodul belegen.

Nicht erwähnt ist die Möglichkeit einer einstufigen Klammerung der
Feldergebnisse durch Bildung eines "Termergebnisses", die Möglichkeit
der Bytemaskierung in den Operanden, die Beschränkung des Vergleichs
auf ein Anfangsstück des Feldes und die Möglichkeit, Felder des aktuellen Satzes zu laden und spätere Vergleichsoperationen innerhalb dieses
Satzes darauf anzuwenden.

Einschränkungen ergeben sich aus dem sequentiellen Vorgehen bei der
Ausführung der Vergleiche: Jedes Feld kann nur mit einem Vergleich betrachtet werden, und die Klammerung ist nur unter Einhaltung der Reihenfolge der Felder möglich.

Selbst unter Berücksichtigung der Einschränkungen lassen sich eine
Vielzahl von Auswahlkriterien durch Kombination dieser Elementarope-

rationen in einer Suchanfrage darstellen. Solche Suchanfragen belegen
damit bei der Suche nur einen der Suchmoduln.

Als besonderer Vorteil erscheinen die variablen Feld- und Satzlängen,
deren Realisierung in anderen Systemen erhebliche Schwierigkeiten be-
reiten. Zusätzliche Information zu den Daten steckt lediglich in den
Formatinformationen, d.h. in den in die Daten eingefügten Sonderzeichen.

Systemstruktur

Betrachten wir zunächst eine mögliche Systemstruktur, in die der Suchspeicher eingebettet ist (Bild 2).

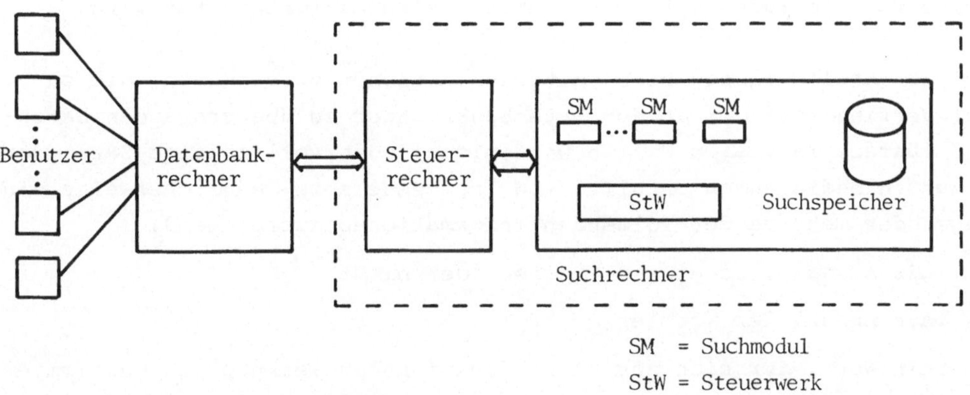

Bild 2: System mit Suchspeicher

Die direkte Ansteuerung des Suchspeichers wird von einem konventionellen Kleinrechner mit spezieller Betriebssoftware übernommen (*Steuerrechner*). Das System Steuerrechner mit Suchspeicher, hier als *Suchrechner* bezeichnet, wird von einem *Datenbankrechner* wie ein spezieller
Externspeicher mit intelligenter Zugriffsmethode betrieben. Der Datenbankrechner kann dann mit entsprechender Software mehreren Benutzern
den Zugriff auf den Suchrechner ermöglichen. Die Verteilung der Funk-

tionen auf die Systemkomponenten soll im folgenden näher erläutert
werden.

Das im Datenbankrechner ablaufende System leistet die wesentlichen
logischen Aufgaben eines üblichen Datenbanksystems:
Die von den Benutzern gestellten Aufträge werden von diesem System
entgegengenommen, komplexe Aufträge ggf. in einzelne Anfragen zerlegt, aufgrund der Zuordnung (Bedeutung): (Feldposition innerhalb des
Satztyps) die Suchanfragen aufgebaut und zusammen mit Angaben über
die gewünschte Zielinformation an das Suchsystem übergeben.

Im Steuerrechner werden die gestellten Anfragen gespeichert, zur Ausführung an freie Suchmoduln übergeben und die Arbeit des Suchspeichers
angestoßen. Während der Suche werden einlaufende Treffermeldungen direkt im Steuerrechner ausgewertet und, abhängig von der verlangten Information, die Sätze auf konventionellem Wege aus dem Suchspeicher gelesen. Das Auslesen erfolgt sofort während der nächsten Plattenumdre-
hung, bevor die Suche auf dem nächsten Zylinder fortgesetzt wird.

An dieser Stelle lassen sich weitere Funktionen durchführen, die zu
einer Verringerung der an den Datenbankrechner zu übertragenden Datenmenge führen. In vielen Fällen wird nicht jeder vollständige Satz, der
die Auswahlbedingungen erfüllt, von Interesse sein. Möglicherweise sind
einige oder mehrere der folgenden Informationen ausreichend:

  i)   die Aussage, es gibt n Treffer oder nicht

 ii)   die Anzahl der Treffer

iii)   ein Wert, der sich aus einer funktionalen Verknüpfung bestimmter
       Attribute (Felder) aller Treffersätze ergibt, z. B. Summe aller
       Monatsgehälter, größte Kinderzahl o. ä.

 iv)   ein Wert für jeden Treffersatz, der sich aus einer Verknüpfung
       mehrerer seiner Felder ergibt, z. B. Verhältnis Kredithöhe / Ge-
       halt, Differenz Soll- und Istwert o. ä.

  v)   bestimmte Attribute (Felder oder Kategorien) aller Treffersätze.

Alle diese Informationen können im Steuerrechner zusammengestellt werden, die unter i) und ii) genannten ohne jeden weiteren Zugriff zum
Suchspeicher.

Bei Benutzeraufträgen, die in mehrere Suchanfragen zerlegt wurden, ist
es sinnvoll, die logische Verknüpfung der Einzelergebnisse bereits im

Steuerrechner durchzuführen, dort zu entscheiden, welcher Satz im Sinne des Gesamtauftrages ein Treffer ist und nur solche Treffer weiterzuleiten. Ist ein Suchauftrag endgültig bearbeitet und sind die gewünschten Informationen zusammengestellt, werden sie an den Datenbankrechner übergeben.

Von besonderer Bedeutung, insbesondere für das Zeitverhalten des Gesamtsystems, ist die zeitliche Optimierung des Zugriffs auf den Suchspeicher. Zum einen sollen möglichst viele der vorhandenen Suchmoduln ausgenutzt werden, zum anderen soll auch der physikalische Zugriff auf den Suchspeicher mit möglichst wenig Zeitaufwand für Positionierung oder Totzeiten (Leerumdrehungen) erfolgen. Diese Ziele können nur dann erreicht werden, wenn im Steuerrechner ein ausreichend großer Pool an Aufträgen vorliegt, aus dem geeignete Aufträge für die unmittelbar folgenden Suchvorgänge entnommen werden können. Im Normalfall werden dann die Vorgänge nach folgendem zeitlichen Muster ablaufen:

Anzahl Plattenumdrehungen	Suchspeicher	Steuerrechner
1	Positionieren auf den folgenden Zylinder Laden von Suchmoduln	Auswahl der Suchanfragen Übergabe an die Moduln
1	Suchen Übergabe der Treffermeldungen	Empfang und Auswertung der Treffermeldungen Vorbereitung der Lesevorgänge
O-x	Lesen der Treffersätze	Empfang und Auswertung der Treffersätze Vorbereitung der Schreibvorgänge
O-x	Rückschreiben veränderter Sätze	

Für jeden zu bearbeitenden Zylinder sind also mindestens 2 Umdrehungen nötig. Müssen Sätze gelesen oder geschrieben werden, kommt jeweils mindestens eine weitere Umdrehung hinzu.

Im Datenbankrechner wird außer den genannten Funktionen die Benutzer-

identifizierung und -kontrolle und die Regelung des gleichzeitigen Zugriffs mehrerer Benutzer realisiert, die Schnittstelle zum Suchrechner
dürfen nur Aufträge passieren, die auch bei Ausführung abweichend von
der Reihenfolge des Eintreffens die Konsistenz der Daten nicht zerstö-
ren.

Es bleibt festzuhalten, daß die eigentlichen Zugriffsfunktionen nicht
mehr Bestandteil dieses Systems sind, sein Umfang also wesentlich verringert wird. Da zudem die Belastung dieses Rechners (Rechenwerk und
Kanäle) durch die Zugriffsorganisation entfällt, erscheint es durchaus
möglich, ein solches Datenbanksystem auf einem Kleinrechner zu betrei-
ben.

Realisierung in Braunschweig

An der Technischen Universität Braunschweig wurde vor ca. 3 Jahren mit
der Bearbeitung dieses Projektes begonnen. Nach umfangreichen Vorunter-
suchungen und dem Aufbau eines Pilotmodells (Suchspeicher mit 1-Ober-
flächen-Festkopfplatte und 3 Suchmoduln) ist zur Zeit ein endgültiges
Modell mit 14 Suchmoduln im wesentlichen fertiggestellt. Dazu einige
Daten: Als Suchspeicher wird eine in der Hardware (Mehrfachzugriff)
modifizierte Platteneinheit Siemens PS 5 (Umdrehungszeit 25 ms, 10
Oberflächen, Datenkapazität 70 MByte) verwendet. Als Steuerrechner
dient ein Kleinrechner HP 2100 (32 K Byte, 1,6 µsec). Als Datenbankrechner soll die Anlage der Informatik-Lehrstühle (Prime 300, 192 K
Byte) eingesetzt werden.

Endgültige und gesicherte Aussagen über das Gesamtsystem lassen sich
beim jetzigen Stand des Projekts noch nicht machen, da mit dem Pilot-
modell nur die prinzipielle Realisierbarkeit überprüft werden konnte.
Vergleiche konventioneller Datenbanksysteme mit dem vorgestellten System sind in Vorbereitung.

Zusammenfassung

Durch die Verlagerung des physikalischen Zugriffs und aller damit unmittelbar zusammenhängender Funktionen auf ein eigenständiges Speicher-

system (Suchspeicher) wird versucht, Datenbanksysteme zu unterstützen und zu vereinfachen.

Die Selektion der Daten im Suchspeicher erfolgt durch parallel durchgeführtes sequentielles Durchmustern aller im Speicher vorhandener Datensätze durch speziell für diese Aufgabe entworfene Prozessoren (Suchmoduln).

Der Zugriff auf die selektierten Datensätze erfolgt durch konventionellen Lesezugriff des steuernden Kleinrechners (Steuerrechner), der die Daten noch weiter verdünnt und nur die unmittelbar interessierenden Informationen weitergibt.

Die Vorteile des Systems sind

   i)   gute Speicherausnutzung
       (keine Invertierungslisten, Verweistabellen etc.)

  ii)   Entlastung des Hauptrechners
       (geringere Kanalbelastung, kaum Belastung des Rechnerkerns)

 iii)   nicht elementare Suchfunktionen
       (größer-kleiner Vergleiche, Bitmaskierungen, Vergleich verschiedener Felder eines Satzes, Wiederholungsgruppen)

  iv)   variable Attribut- und Satzlängen

   v)   hoher Durchsatz durch paralleles Suchen

Als Nachteile treten auf:

   i)   vergleichsweise große Antwortzeiten bei einfachen Anfragen
       (Zugriff über Primärschlüssel o. ä.)

  ii)   Auswirkung unscharfer Anfragen
       (Überlastung des Trefferkanals bei großen Treffermengen).

Literatur

[Karl75]   I. Karlowsky, H.-O. Leilich, G. Stiege
            " Ein Suchrechnerkonzept für Datenbankanwendungen"
            Elektronische Rechenanlagen, 17. Jahrgang 1975, Heft 3
            (S. 108-118)

[Karl 76]   I. Karlowsky, H.-O. Leilich, H.Ch. Zeidler
            "Content-Adressing in Data Bases by Special Peripheral
             Hardware: A Proposal Called 'Search Processor'"
            Workshop on Computer Architecture, 22. 5. - 23. 5. 75 in
            Erlangen, Informatik-Fachberichte Nr. 4, Springer Verlag,
            1976

[Zeid78]   H.Ch. Zeidler
            "Zur Entwicklung des Suchprozessors für einen Datenbank-
             rechner"
            NTG-GI-Fachtagung über Struktur und Betrieb von Rechen-
            systemen, 15. - 17. 3. 1978 Techn. Universität München

<u>A PORTABLE RELATIONAL INTERFACE</u>
<u>FOR THE DISTRIBUTED DBMS POREL</u>

S. Poschik
Inst. für Informatik
Universität Stuttgart

<u>Abstract:</u>
Design specifications and functional components of the Base Machine
of the distributed DBMS POREL are outlined in this paper including
a multilevel architecture for data abstraction and a gross architecture of the major software modules of the machine. The Base
Machine (which is a software machine) provides a common relational
data base interface all over the network of the POREL system and
guarantees for efficiency, data integrity, and security with respect
to single nodes of the network. The software of the Base Machine is
designed in regard to the inhomogeneity of the network aiming at a
high degree of portability.

<u>Acknowledgement</u>
The author is indepted to the members of the POREL group, especially
Dr. H. Biller, for many fruitful discussions and contributions to
the contents of this paper.

This work has been fully supported by the DEUTSCHE FORSCHUNGSGEMEIN-
SCHAFT (DFG), W.-Germany.

I. Introduction

In the lastyears much interest has been directed towards the development of data base managment systems, centralized as well as distributed. The investigations in distributed DBMS are still in a beginning state.

Two basic approaches to the conception of a distributed DBMS must be distinguished. There are already existing networks in which cencentralized data base systems on large computer systems are connected. The data base system interfaces on the nodes are different from each other. All the information available in the network can be accessed from each node in the network. Examples for this approach are the ARPA-Net in the USA, the CYCLADES-Net in France, and the GMD-Net in Germany. The second approach as well starts from an existing network, which may be inhomogeneous both in size and in type of the computer systems. The difference to the first approach now is that already existing data base systems on some of the nodes are not included in the network of the DBMS. On every node a new DBMS is built which together provide a unique data base schema all over the network. So homogeneity is attained with respect to the data base interface on the nodes. The advantages of this approach may be a gain in simplification of the problems of consistency, integrity, and reliability, a disadvantage, obviously, are the higher development costs.

One of the prototype systems persuing the second approach is the system POREL. The gross architecture of POREL has been described by E.J. Neuhold and H. Biller in [Ne77a] and E.J. Neuhold in [Ne77b]. The network consists of small computer systems like PDP 11/10, PDP 11/40 and Kienzle 6100/8 and one medium scale computer system, the TR 440. The data model of the common data base interface is the relational model, introduced by E.F. Codd [Co 70] . We shall not disdiscuss our decision for the relational model in this paper.

The relational interface may be used in two different modes, the relation-at-a-time mode and the tuple-at-a-time mode concerning the results of queries, for short, data may be queried or manipulated in a nonprocedural and a procedural way, (by a cursor technique for host languages). Figure 1 shows the gross architecture of POREL.

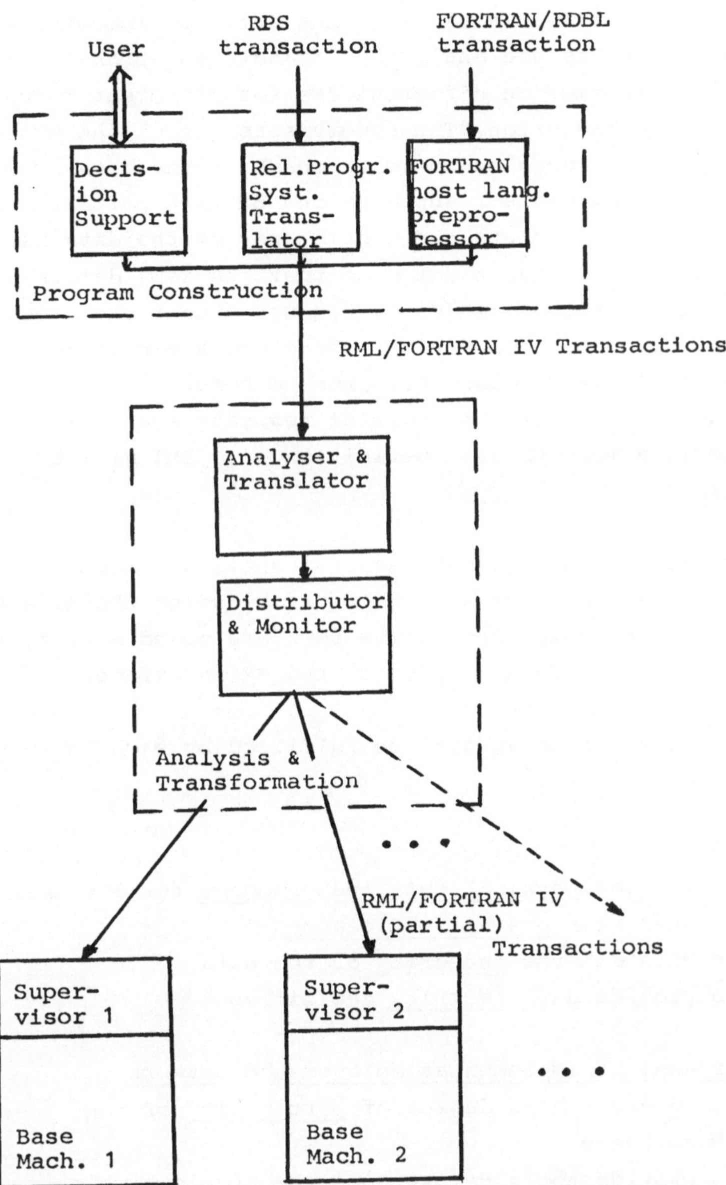

<u>Figure 1:</u> The gross architecture of POREL

In this paper only the Base Machine (BM), which exists on each node,
will be described, provided that this node is a node which has local
data at all, and provides an identical relational interface on all
these nodes. The BM is a software machine.

As we see in Figure 1, the users do not interact immediately with
the BM. User requests are analysed & translated, broken into subre-
quests to be performed on different BMs (on different nodes), and
monitored during execution. The supervisors detach the BMs from problems that arise through concurrent access to the data base by different users. The supervisor supports the BM with partial requests
only which will not violate the consistency of the data base by concurrent updates. (This does not mean that the same data must not be
read and written at the same time, because a user can specify different levels of consistency with respect to the results of his requests. We shall not discuss this problem here. A similar proposal
has been made in [As76]). The partial requests are called <u>BM Trans-
actions</u> (BMT). A more precise definition of a BMT will be given in
chapter III.

Also the protection of the data against unallowed access has been
guaranteed by the Analyser & Translater (by using the access rules in
the authorization table) before the BMTs are posed against the BM.
Different user views do not exist at the BM interface.

Finally, the list of demands to be fulfilled by each BM at each
node is given.

<u>User demands</u>
      - to provide <u>physical data independence</u> for the users
      - to guarantee <u>overall efficiency</u>
      - to maintain the <u>integrity</u> of the data
      - to provide data <u>security</u> facilities

<u>Demands for ease of implementation over the network</u>
      - to assure a high degree of <u>portability</u> of the
        BM software
      - to provide tools to overcome the problems which
        are raised by the varying sizes of the computer
        systems of the different nodes, some degree of
        <u>flexibility</u> of the BM software is required.

In this introductory chapter we have tried to separate the tasks of
the BM from the tasks of the environmental modules of the distributed DBMS POREL. A BM can be seen as a centralized single user DBMS
with restricted responsibilities.

In chapter II we shall work out how the list of demands presented
before has influenced the design specifications for the implementation of the BM, as well as the result of these considerations, the
multilevel architecture of the BM.

In chapter III the different groups of BM commands are introduced.

In chapter IV the major software modules of the BM are presented
briefly.

II. The multilevel architecture of the BM.

By choosing an (extended) relational algebra interface together with
an appropriate set of data definition and manipulation facilities,
one object of the BM, namely, to provide the user with an interface
which guarantees physical data independency, is attained.

In this chapter we shall develop the stepwise installation of the
intermediate levels of data abstraction between the relational and
physical store levels which are necessary to fulfill the demands on
the BM.

The mapping of relations to physical store could be done in one step
by choosing a fixed storage technique and a fixed access method for
all relations created by the user. The chosen storage structure and
access method may perform rather efficiently for some user requests.
But, on the other hand, a lot of other request types may be performed
insufficiently. It is a wellknown fact that a set of assorted storage
structures, or at least additional auxiliary structures, and access
methods that allow for a variety of storage and search strategies
are suitable to support different kinds of user requests efficiently.
Some of these structures are known as sorted files, inverted files,
linked files, etc.

The efficiency, to be guaranteed by the BM, is understood as an
overall efficiency which means that the query load as a whole during
a runtime of the system has to be performed as efficiently as possible, thereby possibly reducing the performance of some single requests.

For example, a set of data could be duplicated and ordered in a different way to support two different types of queries. But so, updating of these data would be reduced in efficiency, because two structures have to be updated instead of one. The notion of overall efficiency not only includes the overall performance during a runtime but also the storage costs.

Many systems presume a static access behaviour of the community of the users with the consequence that only some special access paths are supported, see for example the set concept of the CODASYL DBTG proposal ([CO71]). Other systems allow for a more dynamic allocation of access paths to support new types of queries. One of these systems is system OMEGA [Sc76a] . The creation of the access paths has to be done explicitly by the user or by the Data Base Administrator (DBA). Both approaches improve efficiency on cost of flexibility since they do not support accesses to data which do not use these predefined access paths.

The BM, however, allows for access to data whenever the request is formulated in a syntactically and semantically correct form. Since the BM must be efficient, access paths are created (and dropped) dynamically by a reorganization module according to the usage pattern of the system. The access behaviour of the user community is supposed to be time varying and has to be measured by gathering statistical data about the usage pattern of the query load during runtime.

The analysis of the usage statistics results in a new type of relation between the data which we call the Common Access Relation (CAR). The CAR, informally speaking, describes clusters of data which are frequently accessed together. The reason for the appearance of such clusters is, in the simplest case, the identity of attribute values in one or more tuples of one or more relations. This situation very often occurs when select or join operations are to be computed. The clusters are called usage clusters. More about usage clusters can be found in [Po77].

Obviously, usage clusters should be stored physically adjacent (or at least their identifiers if concurrent usage clusters exist) to minimize access time for those queries accessing the data of these usage clusters. A set of usage cluster is selected by the reorganization module in order to improve the overall efficiency.

This situation implies the installation of an intermediate level of data abstraction, the <u>usage cluster</u> <u>level</u>. The notion of a usage cluster is very similar to the notion of auxiliary structures like inversions, selectors, or links which are discussed in many papers, for example [Sc75], [Sc76b], [Ts76], [Hä76], etc., but it is more set oriented comprising all necessary access structures under one single structure type. Ideas concerning clustering have been presented in [De74], [St73] and [Ho75]. Also the string level in [Se72] can be interpreted as a clustering structure.

For the implemention of usage clusters we need some appropriate storage structures combined with efficient search mechanismus. As a DBMS has to manage very large amounts of data, the data have to be stored on secondary storage devices and processed in main storage. A lot of well understood <u>data structures</u> and search techniques for two-level storage may be used for the implementation of sets of clusters. Examples are B-Trees ([BA 72], [WE 74]), hash techniques ([Kn 73]), sorted files, etc.

Again, the question arises whether to choose a fixed implementation technique for the clusters or to allow for the use of a variety of data structures and to charge the reorganization module with the selection of an appropriate data structure for the implementation of each usage cluster set. It is well known that for example hashing techniques outperform B-Trees if the data are very static and vice versa if they change rapidly in size as well as in contents. So we want to provide another mechanism for tuning the BM by installing another intermediate level between the usage cluster level and the physical storage level called the <u>data structure level.</u>

The user demands which have influenced the design of the BM up to this point are overall efficiency and physically data independence only. We believe that the requirements of data integrity and security do not influence the design of the multilevel architecture of the BM substantially.

Next we investigate additional design specifications, caused by the requirements of portability and flexibility of the BM software. Some steps to overcome these problems are sketched now.

<u>Portability</u> is supported by

- choosing a <u>highly portable implementation language</u>
- minimizing the <u>interfaces to the underlying ope-
rating systems</u> of the different nodes.
- providing a <u>unique set of file handling facilities</u>
all over the network.

<u>Flexibility</u> is achieved by

- providing a <u>high degree of modularity</u>
- using <u>catalogues</u> extensively

As implementation language we have chosen a subset of FORTRAN IV
which is available on all computer systems in the network. The modules which have to be written in lower level languages (usually
assembler languages) have to be as small as possible to avoid re-
writing of large modules repeatedly for every node. One of the interfaces with different OS is the file management interface. We shall
define a common BM file interface in the network which may be seen
as another level in the BM architecture, the <u>BM files level.</u>

Figure 2 now shows the levels of data abstraction of the BM. The
design of its multilevel architecture has been strongly influenced by
the work of H.A. Schmid and P.A. Bernstein [SC 75], H.A. Schmid in
[Sc 76], and M.E. Senko [Se 73]. We have added some new concepts,
especially the usage cluster concept.

The most apparent advantage of a multilevel structure is the possibility to make changes in a module, to replace a module by another
with the same semantics but different efficiency, and to add or to
remove modules which implement new strategies of the layer or remove
strategies with low performance (reflected in the catalogues)
<u>without changes in the higher levels and layers</u>. The flexibility of
this architecture is very important for the stepwise implementation
of the BM. One can start up with rather simple modules, which may not
be very efficient, and successively replace them by more efficient
ones.

Some remarks have to be made about the reorganization module. As the
access pattern of the users changes, storage and access strategies

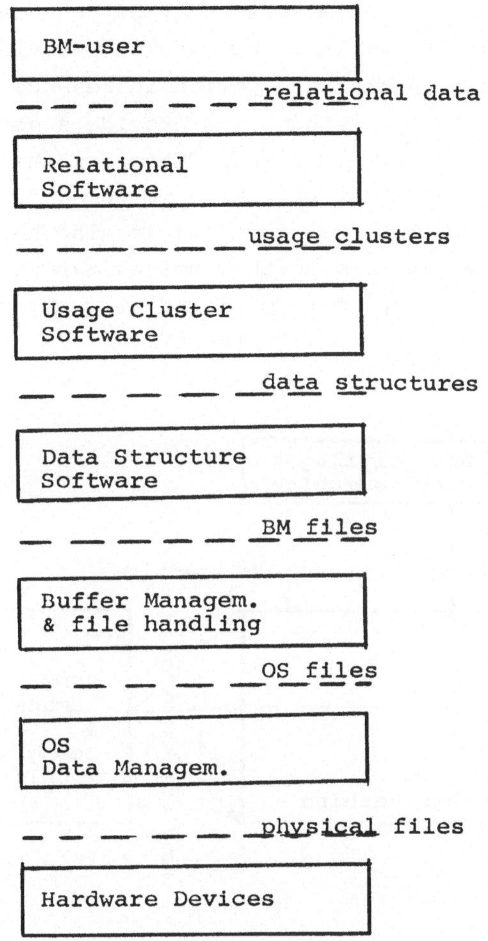

Figure 2: Levels and layers of the BM

have to be changed, too, to guarantee efficiency. This may be done by
the reorganization module. This module may be seen as the nonhuman
part of the DBA. It uses the usage statistics of the past to forecast
the behaviour of the next runtime (similar ideas can be found in
[Ha 76]). The reorganization module may be called by the DBA at the
beginning or at the end of an operational period or at system idle
time. We call this type of tuning the BM static optimization (see
also [Sc 75]).

The utility of the static optimization may be enhanced by the aid of
the DBA himself. The DBA may know the planned behaviour of the user
community for the next operational period in advance by contacts to
the user. To reflect this knowledge, we provide a set of special DBA
commands to restructure the data base. These are the data definition
commands for each level of the BM (the same commands are used by the
reorganization module). This DBA facility is also helpful during the
development of the BM, as long as the reorganization module does not
exist or does not work very smartly. Figure 3 shows the interaction
of the different logical users with the BM.

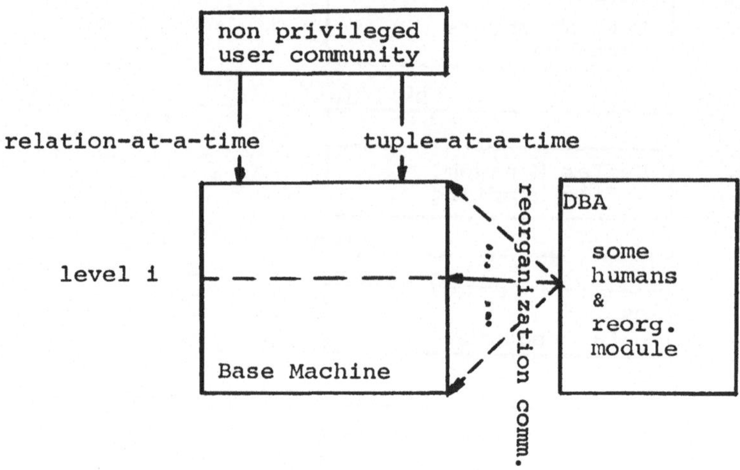

<u>Figure 3:</u> The different users of the BM

III. The BM Commands

Before we discuss the BM commands, we have to define the notions of
BM transaction and base relation.

A <u>BM transaction</u> is understood as a unit of consistency and recovery
(see also [Bl 77]). If one or more of the commands of the transaction
cannot be executed successfully, the BM undoes the transaction as a
whole. Consistency checking is reduced to guarantee integrity constraints that have explicitly been asserted by a user or the DBA

before. Before undoing a transaction, the BM tries to repeat the unsuccessful command if the error was caused by a software or a hardware crash, because the underlying OS may use its own restart techniques in order to continue a process. If the execution fails repeatedly, first the transaction will be recovered and restarted from the last <u>checkpoint</u>. If execution fails again, the transaction finally will be backed up as a whole and rejected subsequently.

To reflect the requirements of a <u>distributed</u> DBMS, the BM is not allowed to commit the updates of a transaction to the public unless being authorized to do so by the monitor in order to provide consistency all over the network.

A <u>base relation</u> is a relation, which has been created explicitly and thus is stored in the BM. Intermediate result relations, which are established by the <u>BM</u> during efficient processing, are not called base relations and will not be referred to in the catalogues. Base relations (and others) are subsets of Cartesian products over the domains of <u>integers</u>, <u>reals</u>, and <u>strings</u> of <u>maximal</u> as well as of <u>unlimited length</u>. Each domain is extended by the value <u>"unknown"</u>, which is a consequence of the dynamic redefinition facilities of the relational schema, which we shall introduce later on. The well-known relational operators may be used for building relational expressions as operands for certain commands. The value "unknown" causes a lot of problems, which are not discussed here (see [Ch 76] and [Li 77]).

There are four major classes of commands to be executed by the BM (see [Ne 77a] or [Ne 77b]).

1) The <u>schema definition commands</u> allow for <u>creating</u> and <u>destroying</u> relations. A relation may be <u>redefined</u> by adding or removing attributes or by converting the domain of an existing attribute (conversion underlies the obvious restriction of convertability between two domains). After adding a new attribute, the values of this attribute in the tuple are "unknown" until all tuples are updated. Integrity constraints may be <u>declared</u>, including the declaration of keys, foreign keys, functional dependencies, set relations, aggregation restrictions, transition constraints, etc. Integrity constraints may be declared to be observed either dynamically or statically.

2) The <u>data movement commands</u> allow for <u>retrieving</u>, <u>updating</u>, <u>appen-</u>
<u>ding</u>, and <u>removing</u> sets of tuples. The result relation to be re-
trieved is specified by a relational expresion. Some additonal
facilities, as described in [St 76]and [Ch 76], for a more powerful result specification are added. These are

- <u>sorting</u> the result relation
- <u>grouping</u> of a relation (not allowing grouping
  of groups)
- <u>aggregating</u> over attributes of a relation or
  groups, or over aggregated values of groups.
  Aggregated values may be used for further
  selection.

For efficiency reasons, the result relation may contain multiple
tuples.

For updating and removal a subset of a relation has to be specified by a relational expression. (The relational expression may
include other relations, but the result must be a subset of the
relation, which has to be updated or a subset removed from). Updating may be done by listing constant values for the attributes,
which have to be updated in the selected tuples or by computing
new values from old values for each tuple. (This will be done by
arithmetic expressions or string expressions, which we shall not
explain in this paper).

Appending a set of tuples, which may be a result relation or an
explicit relation (a list of tuples filed in a communication area)
may also be done for one relation only.

The update, append, and remove commands may cause integrity checks
during execution and thus may cause rejection of the commands.

In the case of retrieval, result relations may be delivered relation-at-a-time, group-at-a-time, or tuple-at-a-time.

Before issuing one of the data movement commands, the user may
want to know something about the performance costs of the command
by the request of a <u>cost analysis</u> (optimal performance presumed).

3) The <u>reorganization commands</u> mentioned before include all data
   definition commands of the different levels of the BM. Some of
   them are <u>creation</u> and <u>deletion</u> of <u>clusters</u> or clustersets (which
   are sets of identically structured clusters) by using the <u>cluster-
   ing property</u> as the criterion for membership of tuples in clusters.
   A data structure type may be <u>established</u> for a clusterset and
   <u>allocated</u> in a file of a <u>selected tpye</u> on a specified store device. Data structures may be <u>reorganized</u> (garbage collection etc.)
   or <u>changed</u>, file types may be <u>changed</u>, and files may be <u>reallocated</u>.

   The reorganization commands may be used by the DBA only (including the reorganization module).

4) Transactions may be interrupted and controlled by the <u>control-
   commands</u> like <u>stop</u> transaction, <u>recover</u> transaction, <u>continue</u>
   transaction, and <u>commit</u> transaction. The BM will be <u>initialized</u>
   by passing runtime parameters like the applications (relational
   schemas) to be run, or store devices to be used during the runtime, etc.

IV. The Major System Modules of the BM

We now discuss, very briefly, the interactions between the major
modules of the BM (see Figure 4).

Commands, which are issued to the BM are, at first, interpreted by
the <u>Command Interpreter</u>. We follow here the execution of the most
interesting commands, the data movement commands, through the modules
of the BM. Internally, the relational expressions used in the commands are represented as <u>expression trees</u>. The leaves of these trees
are base relations, the other nodes represent operators. The expression
tree is separated from other parts of the transaction and delivered
to the <u>relational expression interpreter</u> (together with the specification of the destination of the result). From there the relational
expression, which may be arbitrarily complex, first is passed to the
<u>data reduction optimizer</u>, which transforms the expression tree in
order to reduce "as fast as possible" the data size to be processed
for example, restrictions and projections should be executed as near
as possible to the leaves of the tree (which are relations). More

about this kind of optimization may be found in Sm 75 . Statistical
data concerning the data access characteristics of the expression
tree are produced.

Next, the pre-optimized tree is passed to the access path optimizer,
which selects the appropriate access paths through the existing
clusters and clustersets in order to provide efficient access to
stored data (see [Bl 74]). The expression tree is separated into one
or more subtrees, which access stored data. The rest of the tree,
which consists of operations only, which work on the intermediate
results produced by those subtrees, is returned to the relational
expression interpreter.

The subtrees, which are converted into expressions of the usage
cluster language (UCLAN), are passed to the tuple-at-atime logic,
which extracts (with the aid of the access system) the necessary data
from the clusters to supply the relational expression interpreter
with the qualified relational data. In the case of passing a relation
tuple-at-a-time to the BM-user, the TAT-logic passes the tuples to
the communication area (CA). In the case of an update, the update
module updates the qualified tuples returned by the expression
interpreter.

The CA may consist of main store space as well as of secondary store.
It contains all the relational data, which are passed between the
users and the BM. These data are referenced in the commands of the
transactions. The bulk load facility is thus included in the RETRIEVE
command by using the secondary store (of the CA) for the bulk data.
(The CA may be of flexible size).

The secondary store (SS) and the relational main store (RMS) hold all
the primary and secondary (or auxiliary) data of the data base. The
RMS consists of the buffer space used by the buffer manager. The RMS
may be seen as something like a cache memory with the aim to reduce
secondary storage access. Some problems may arise for the buffer
manager, if the underlying OS supports virtual memory. It must be
taken care for avoiding paging overhead, if the RMS is not main store
resident. This problem is discussed briefly in [Ch 77].

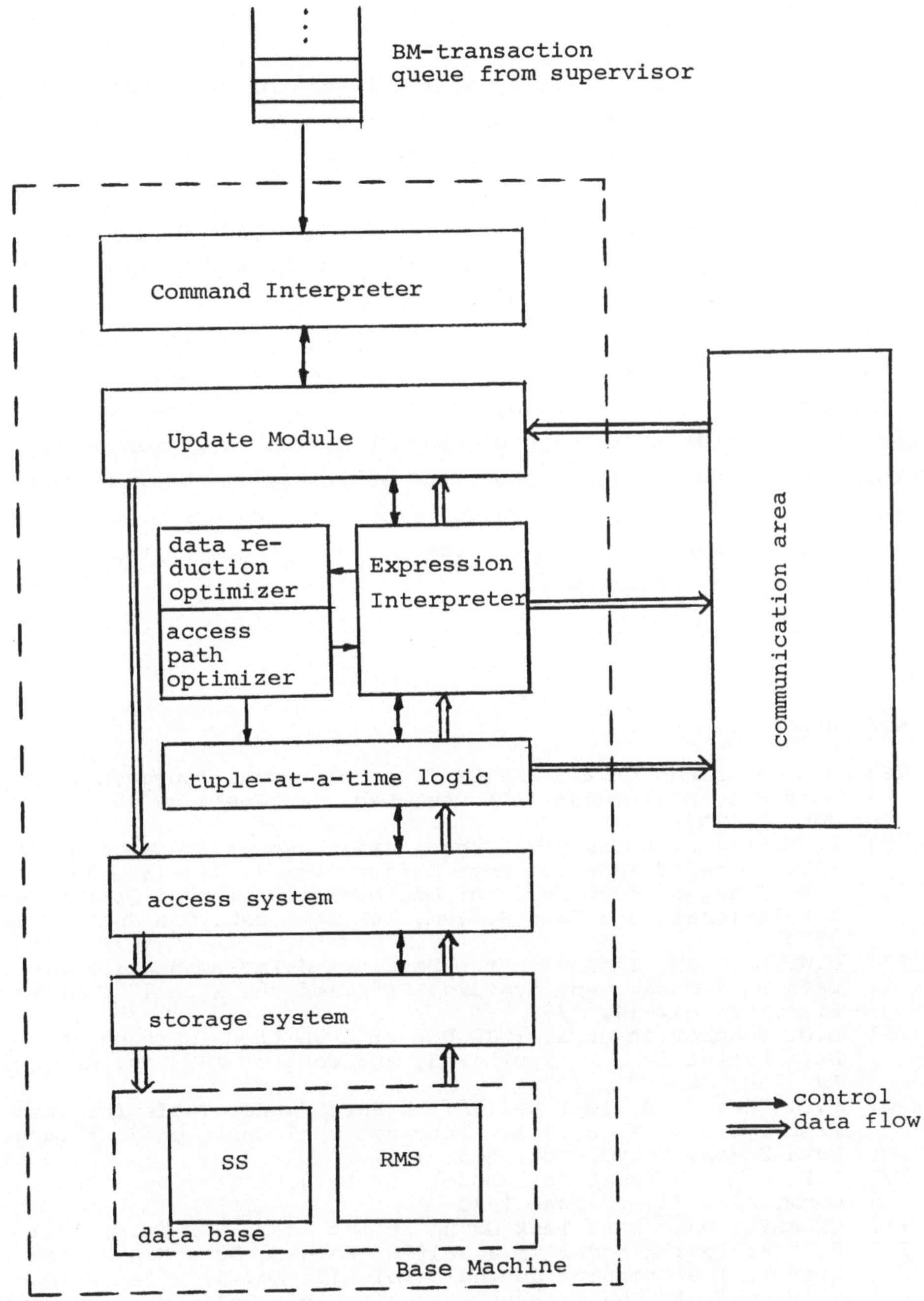

Figure 4: The architecture of the major modules of the BM

V. Conclusion Remarks

We have outlined the construction of the levels of data abstraction, which is reflected in the data mapping through catalogues. The system modules not necessarily are parts of one layer.

The overall optimization of the BM includes two types of optimization. The <u>static optimization</u> done by the DBA (with the aid of the reorganization module) reduces the overall costs of the query load during a runtime of the system. The <u>dynamic optimization</u>, not mentioned till now, includes both optimizers (see Figure 4) and is continued during the computation of the expression by the relational expression interpreter, which may determine the precedence of the execution of the operators using the knowledge about the sizes of intermediate results. The access path optimizer may create temporary clusters or clustersets in order to support a single transaction with an appropriate access path in a dynamical way.

VI. References

[As 76] M.M. Astrahan et al.; SYSTEM R: A Relational Approach to
         Data Base Management, IBM Res. Lab. San José, RJ 1738,
         Feb.27, 1976
[Ba 72] R. Bayer, E. McCreight: Organization and Maintenance of
         Large Ordered Indexes, Acta Informatica 1, 173-189, 1972
[Bl 74] M.W. Blasgen, K.P. Eswaran: On the Evaluation of Queries in
         a Relational Data Base System, IBM Res. Lab. San José, Cal.,
         1976
[Bl 77] M.W. Blasgen: Issues in the Design and Implementation of
         Data Base Management Systems, Proc. of the AICA 77 Congress,
         Pisa, Oct. 12-14, 1977
[Ch 76] D.D. Chamberlin et al.: SEQUEL 2: A Unified Approach to
         Data Definition, Manipulation, and Control IBM Res. Report,
         RJ 1798, June 23, 1976
[Ch 77] P.P. Chen, S.B. Yao: Design and Performance Tools for Data
         Base Systems, Proc. Third International Conf. on Very Large
         Data Bases, Tokyo, Oct. 6-8, 1977
[Co 70] E.F. Codd: A Relational Model for Large Shared Data Banks,
         Comm. ACM, 13, 6, June 1970
[CO 71] CODASYL: Data Base Task Group Report, ACM, New York, 1971
[De 74] P. Dearnley: A Model of a Self-Organizing Data Management
         System, The Computer Journal, Vol. 17, No. 1, 1974
[Ha 76] M. Hammer, A. Chan: Index Selection in a Self-Adaptive Data
         Base Management System, Proc. Intern. Conf. on Management
         of Data (SIGMOD), Washington, D.C., June 2-4, 1976
[Hä 76] T. Härder: An Implementation Technique for a Generalized
         Access Path Structure, IBM Res. Rep., RJ 1837, 1976

[Ho 75]   J.A. Hoffer, D.G. Severance: The Use of Cluster Analysis in
          Physical Data Base Design, Proc. Intern. Conf. on Very Large
          Data Bases Framingham, Mass., Sept. 1975

[Kn 73]   D. Knuth: The Art of Computer Programming,Vol. 3: Sorting
          and Searching, Addison-Wesley, Readiny, Mass., 1973

[Li 77]   W. Lipski, Jr.: On Semantic Issues Connected with Incomplete
          Information Data Bases, Proc. Third Intern. Conf. on Very
          Large Data Bases, Tokyo, Oct. 6-8, 1977

[Ne 77a] E.J. Neuhold, H. Biller: POREL: A Distributed Data Base on
          an Inhomogeneous Computer Network, Proc. Third Intern. Conf.
          on Very Large Data Bases, Tokyo, Oct. 6-8, 1977

[Ne 77b] E.J. Neuhold: The Architecture of a Semantically Oriented
          Distributed Data Base System, Proc. of the AICA 77 Congress,
          Pisa, Oct. 12-14, 1977

[Po 77]   S. Poschik, H. Biller: Benutzungsbedingte Datencluster in
          einer relationalen Datenbank (in German) Internal Report,
          Institut für Informatik, University of Stuttgart, 1977

[Sc 75]   H.A. Schmid, P.A. Bernstein: A. Multi-level Architecture for
          Relational Data Base Systems, Proc. Intern. Conf. on Very
          Large Data Bases, Framingham, Mass., Sept. 1975

[Sc 76a] H.A. Schmid (ed.), P.A. Bernstein (ed.), B.A. Low, R. Baker,
          and S. Pozgaj: The Relational Data Base System OMEGA -
          August 1975, Progress Report, Comp. Syst. Res. Group, Univ.
          of Toronto, Tech. Rep. CSRG-72, July 1976

[Sc 76b] H.A. Schmid: Architektur und Implementierung von Datenbank-
          systemen (in German), GMD-Spiegel 3/76

[Se 72]   M.E. Senko, E.B. Altman, M.M. Astrahan, P.L. Fehder,
          C.P. Wang: A Data Independent Architecture Model 1: Four
          Levels of Description from Logical Structures to Physical
          Search Structures, IBM Research Rep. RJ 982, Feb. 25, 1972

[Sm 75]   J.M. Smith, P. Y.-T. Chang: Optimizing the Performance of a
          Relational Algebra Database Interface, CACM, Vol, 18, No. 10,
          Oct. 1975

[St 73]   P.M. Stocker, P.A. Dearnley: Self Organizing Data Management
          Systems, The Computer Journal, Vol. 16, No. 2, 1973

[St 76]   M. Stonebraker et al.: The Design and Implementation of
          INGRES, Memo. No. ERL-M577, Jan. 1976, College of Engi-
          neering, Univ. of California, Berkeley

[Ts 76]   D. Tsichritzis: LSL: A Link and Selctor Language, Proc.
          Intern. Conf. on Management of Data (SIGMOD), Washington,
          D.C., 1976

[We 74]   H. Wedekind: On the Selection of Access Paths in a Data
          Base System, Data Base Management (Klimbie and Koffeman,
          eds.), North-Holland, pp. 385-398

<u>ARCHITEKTUR UND OPERATIONALES MODELL EINES VERTEILTEN</u>
<u>DATEIVERWALTUNGSSYSTEMS</u>[+]

H. Breitwieser, O. Drobnik, C. Keil, U. Kersten
Kernforschungszentrum Karlsruhe
Institut für Datenverarbeitung in der Technik
7500 Karlsruhe, Postfach 3640
Bundesrepublik Deutschland

1. <u>Einführung</u>

Das im folgenden vorgestellte verteilte Dateiverwaltungssystem kann
sowohl als eigenständiges System innerhalb eines verteilten DV-Systems als auch als Basis von Datenbanksystemen (vgl. /KBH/) verwendet werden. Die Konzeption umfaßt die Architektur des Dateiverwaltungssystems und das zugehörige operationale Modell. Die Architektur konzentriert sich auf die Verteilungsaspekte von Daten, das operationale Modell auf die von Funktionen. Das operationale Modell entsteht durch Überführung der Architektur in ein realisierungsnahes,
dynamische Abläufe, operationale Gesichtspunkte und Abhängigkeiten
berücksichtigendes Modell von funktionellen Komponenten.

Die Ausgangsbedingungen beim Entwurf waren:

- die Berücksichtigung der Leistungsgrenzen von Kleinrechnersystemen,
- die Konstruktion einer datenunabhängigen, bzgl. des Verteilungsaspektes transparenten Schnittstelle eines verteilten Dateiverwaltungssystems in einem heterogenen Rechnernetz,
- die Verwendbarkeit für ein verteiltes Datenbanksystem
- und ein hoher Parallelitätsgrad auf der Datenbasis in einer Mehrbenutzerumgebung.

[+] Dieser Beitrag entstand im Rahmen des Projekts DISCO, welches
teilweise mit Mitteln des Bundesministeriums für Forschung und
Technologie (Förderungskennzeichen DV 4908-081-5610) gefördert
wird.

2. Architektur

2.1. Struktur

Die Architektur setzt sich zusammen einerseits aus der Definition
verschiedener Ebenen, die, eingebettet in algorithmische Programmiersprachen, leicht zu virtuellen Maschinen erweitert werden können,
und andererseits aus Abbildungsvorschriften, die angeben, wie diese Ebenen aufeinander aufbauen. Die Ausführung der Abbildungsvorschriften ist Aufgabe der Schichten.

Als obere Ebene wird die logische Dateiebene angeboten, die eine
komfortable, verteilungstransparente Schnittstelle eines Dateiverwaltungssystems definiert. Ausgangsbasis sind die lokalen Dateiverwaltungssysteme innerhalb der verschiedenen Betriebssysteme.

Innerhalb einer Ebene werden wie üblich Operatoren für Datenmanipu-
lation (DML) und Datendefinition (DDL) unterschieden. Zusätzliche
Operatoren, die als Werkzeuge des Datenbasisadministrators angesehen werden können, dienen zur Definition der Abbildung von Dateien (Mapping Definition Language, MDL). Diese Operatoren gestatten die Steuerung und Beeinflussung der Abbildungen von Dateien auf
die unterschiedlichen Namens- und Adreßräume innerhalb des verteilten Dateiverwaltungssystems. Der Datenbasisadministrator kann,
falls er die Standardabbildungen ändern will, aus Sicht des Systems
somit als ein spezieller Modul zur Festlegung optimaler Abbildungen
aufgefaßt werden.

Die Entscheidung, auf die vorhandenen Betriebssysteme, die um ein
leistungsfähiges Nachrichtentransportsystem /HKK/ zu erweitern sind,
aufzubauen, kann hauptsächlich mit verschiedenen Aspekten von Kleinrechnersystemen und mit der Verringerung der Aufwandes bei Realisierung und Wartung des verteilten Dateiverwaltungssystems begründet werden. Der letztere Grund rechtfertigt auch den Ansatz, zunächst einen Standard, die G'-Ebene, für die verschiedenen lokalen
Dateiverwaltungssysteme zu definieren, von dem die eigentliche, für
alle Systeme gemeinsame Architektur ausgeht.

2.2. Logische Dateiebene

Auf der logischen Dateiebene werden zwei unterschiedliche Dateitypen, B- und Z-Dateien, angeboten.

Eine <u>B-Datei</u> ist ein über einen symbolischen Namen beliebiger Länge im verteilten DV-System eindeutig identifizierbares Objekt. Sie kann beliebig viele bitstrukturierte Sätze fester Länge enthalten. Die Sätze werden bei direktem Zugriff über vom System fortlaufend vergebene Satznummeridentifikationen referenziert. Bei sequentiellem Zugriff wird ein anonymer Name, der Cursor, als Referenz verwendet. Die Zugriffsorganisationen sind voneinander unabhängig und können ohne Einschränkungen nebeneinander verwendet werden. Jeder Satz kann indirekt <u>Benutzergruppen</u> zugeordnet werden. Dies geschieht durch Eingliederung in Gruppen von Sätzen, <u>Cluster</u>, die Benutzergruppen zugeordnet sind. Der Sinn einer solchen an Benutzergruppen des verteilten DV-Systems ausgerichteten Zuordnung besteht darin, bestimmten Benutzergruppen, die gewisse Teile einer B-Datei besonders häufig referenzieren, das Privileg eines besonders schnellen Zugriffs zu gewähren.

Diese Definition macht keine Voraussetzungen über die Art der Auf- bzw. Verteilung der B-Datei auf verschiedene Rechner.

Eine <u>Z-Datei</u> ist ebenso wie eine B-Datei eindeutig im gesamten verteilten DV-System identifizierbar. Sie kann beliebig viele Sätze variabler Länge umfassen, auf die direkt über Schlüssel zugegriffen werden kann. Dabei wird vorausgesetzt, daß der Schlüssel feste Länge besitzt und an fester Stelle relativ zum Satzanfang steht. Der Schlüssel definiert eine sequentielle Ordnung, wenn er als vorzeichenlose Dualzahl interpretiert wird. Sie wird für die sequentielle Zugriffsorganisation verwendet.

Eine Kopplung einer Z-Datei als Ganzes an Benutzergruppen ist möglich, und ebenso wie bei B-Dateien können Z-Dateien mit anderen Dateien in eine, die Zugriffszeit begünstigende Relation gesetzt werden. Im Gegensatz zur B-Datei wird festgelegt, daß eine Z-Datei als Ganzes auf jeweils genau einem Rechner referenzierbar ist, d.h. nicht aufgeteilt werden darf.

Neben den üblichen organisatorischen Operatoren einer DML für

- Eröffnen/Schließen
- Erzeugen/Löschen von Dateien
- Erzeugen/Löschen von Sätzen
- Transfer von Sätzen (sequentieller und direkter Zugriff)

sind die Operatoren für

- Transaktionsklammerung und
- Sperren/Entsperren von Sätzen (bei B-Dateien) oder Dateien

sowie ein Operator zur Beschaffung von noch nicht belegten Satz-
nummern aus einer B-Datei und einem darin enthaltenen Cluster auf-
zuführen.

Zum Zwecke der Sicherung der operationalen Integrität sind einerseits die Operatoren der Transaktionsklammerung zu verwenden, andererseits müssen die von einer Transaktion benötigten Teile der
Datenbasis mit Hilfe der Sperroperatoren reserviert werden. Als
Sperrstufen sind das Zulassen mehrerer Leser oder exklusive Sperrung möglich.

Kern der DDL ist ein Definitionsoperator, der eine Datei, ihren
Namen, bei B-Dateien die Satzlänge, bei Z-Dateien den Schlüssel,
Paßworte und gegebenenfalls eine Kopplung mit anderen Dateien definiert sowie dem System eine Reihe von Hinweisen wie Abschätzungen
des Dateiumfangs, Satzgruppencluster und deren Zuordnung zu Benutzergruppen mitteilt.

2.3. G'-Ebene

Die G'-Ebene ist die unterste Ebene, die für alle Rechnersysteme
des verteilten Dateiverwaltungssystems vorausgesetzt wird. Als einziges Objekt wird die innerhalb eines Rechnersystems eindeutig bezeichnete G'-Datei angeboten. Eine G'-Datei hat folgende Eigenschaften:

- sie besteht aus einer physisch kompakten Menge einer festen Anzahl von Blöcken,
- für alle G'-Dateien wird eine einheitliche Standardblocklänge
  verwendet,
- auf die Blöcke kann lediglich direkt zugegriffen werden,
- sie ist die Einheit für Sperrung und Datenschutz,
- ihre Plazierung kann beeinflußt werden.

Die Operatoren umfassen hauptsächlich:

- Blocktransfer (wahlweise auch asynchron)
- Eröffnen/Schließen von Dateien
- Erzeugen/Löschen von Dateien
- Definition einer Dateibeschreibung.

Bei der Definition einer Dateibeschreibung werden neben dem Dateinamen Dateiumfang, Paßworte und optional eine andere G'-Datei, relativ zu der die Plazierung der zu definierenden Datei erfolgen
soll, angegeben.

Damit liegt das mit der G'-Ebene festgelegte Abstraktionsniveau
vergleichsweise nahe der physikalischen Speicherebene von Direkt-
zugriffsspeichergeräten, ist jedoch völlig geräteunabhängig.

2.4. Abbildung der logischen Dateiebene auf die G'-Ebene

Die Abbildung der logischen Dateiebene auf die G'-Ebene wird von
3 hierarchisch angeordneten Schichten, der B-, VG- und G-Schicht
vorgenommen.

Bild 1 zeigt diese Schichten und macht deutlich, welche Abstrahie-
rungen und Erweiterungen höhere Ebenen bezüglich grundlegender Gesichtspunkte vornehmen.

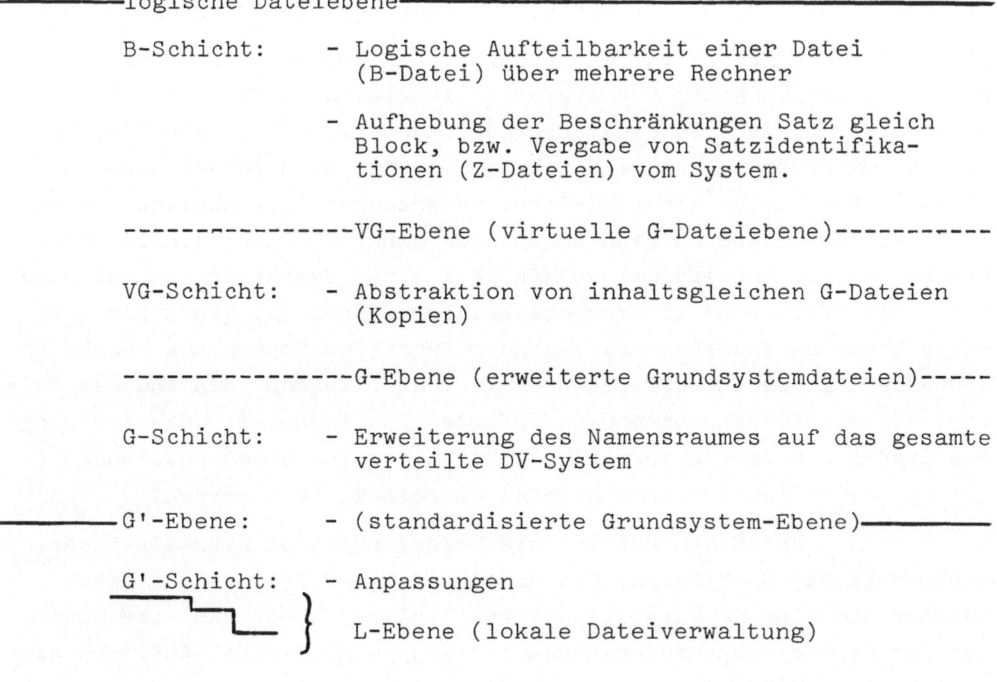

Bild 1: Schichtenarchitektur eines verteilten Dateiverwaltungssystems

Da die G- und VG-Ebenen, abgesehen von den zum Teil in Bild 1 genannten Erweiterungen von einem ähnlichen Dateimodell und syntaktisch im wesentlichen gleichen Operatoren ausgehen, wurde auf eine eingehende Beschreibung dieser Ebenen verzichtet.

Aufgabe der B-Schicht ist das Abbilden sowohl von logischen Dateien als auch von Clustern der B-Dateien auf VG-Dateien und von Sätzen auf Blöcke der einzelnen VG-Dateien. Durch die logische Aufteilung in VG-Dateien wird es einerseits möglich, Teile einer Datei auf andere Rechner abzulegen und andererseits Überlaufsituationen durch automatisches Erweitern mit VG-Dateien abzufangen.

Während bei der Abbildung von Sätzen von Z-Dateien Verkettungsmechanismen und spezielle Baumorganisationen zur Anwendung kommen, können bei Abbildung auf VG-Dateien gleichen Umfangs einfache Umrechnungsvorschriften bei der Abbildung der Sätze von B-Dateien verwendet werden. Die anfängliche Anzahl von VG-Dateien und deren Umfang richtet sich nach den Umfängen der verschiedenen Cluster. Die Orientierung der Cluster an Benutzergruppen überträgt sich auf die einzelnen VG-Dateien, auf die ein Cluster abgebildet wird.

Die VG-Schicht ermöglicht das Abstrahieren von mehreren Inkarnationen, d.h. Kopien einer VG-Datei. Inhaltsgleiche G-Dateien, die jedoch verschiedene G-Dateinamen haben, können somit zu einer VG-Datei zusammengefaßt werden. Umgekehrt ist man auch in der Lage, dynamisch neue Kopien einer VG-Datei zu erzeugen. Die Abbildung einer VG-Datei auf G-Dateien kann anhand der einer VG-Datei zugeordneten Benutzergruppe vorgenommen werden. Bei einer Verteilung der zugeordneten Benutzergruppe auf mehrere Rechner können bei günstigem Verhältnis von verändernden zu lesenden Zugriffen Kopien zum Zwecke der Verbesserung von Antwortzeiten eingerichtet werden. Ein anderer Faktor, der das Führen von Kopien erforderlich macht, ist die Erhöhung des Grades der Verfügbarkeit. Aus Sicht der logischen Dateiebene können somit Cluster einer B-Datei einzeln kopiert werden.

Hauptaufgabe der G-Schicht ist die Erzeugung eines netzweiten Namensraumes für G'-Dateien. Die Abbildung einer G-Datei auf einen Rechner und eine G'-Datei wird wieder indirekt über das Attribut der der G-Datei zugeordneten Benutzergruppe gesteuert. Aufgrund der systeminternen Kenntnis der Verteilung der Benutzergruppen des verteilten DV-Systems auf die verschiedenen Rechner kann dann die Ablage einer G-Datei auf einen Rechner automatisch gesteuert werden.

Bild 2 zeigt anhand eines Beispiels die Abbildung einer B-Datei
auf zwei Rechner.

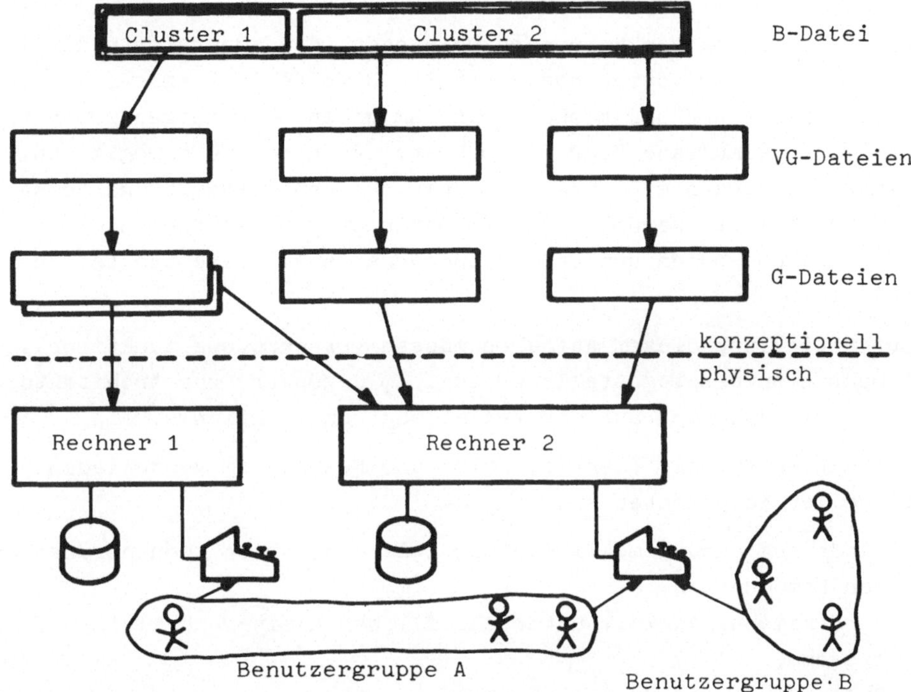

<u>Bild 2</u>: Beispiel für die Abbildung einer B-Datei auf 2 Rechner.
Cluster 1 ist Benutzergruppe A, Cluster 2 Benutzergruppe B zugeordnet

3. Operationales Modell

3.1. Anforderungen

Zur Bearbeitung von Benutzeranweisungen, d.h. Operatoren der logischen Dateiebene durch das verteilte Dateiverwaltungssystem müssen i.a. mehrere Rechner kooperieren, um neben notwendigen Datentransfers auch simultane Zugriffe mehrerer Benutzer zu ermöglichen. Im einzelnen müssen z.B. Transaktionen der Benutzeraufträge verwaltet und koordiniert werden, Transformationen von Benutzeranweisungen vorgenommen werden und Datensicherungs- sowie Datenschutzmaßnahmen getroffen werden.

Zur Abwicklung dieser Aufgaben müssen verschiedene funktionelle Komponenten bereitgestellt werden. Im Gegensatz zur Architektur liegt die Betonung auf der Verteilung von Funktionen.

Leitlinien für die Identifikation und Festlegung verschiedener funktioneller Komponenten sind:

- klare Abgrenzungsmöglichkeiten zwischen verschiedenen funktionellen Komponenten,
- Berücksichtigbarkeit unterschiedlicher Klein- und Kleinstrechnersysteme,
- Erlangung hoher Systemeffizienz.

Gute Systemeffizienz unter Berücksichtigung heterogener Klein- und Kleinstrechnersysteme läßt sich erreichen durch eine Flexibilität, welche vielfältige Variationen der Zuordnung funktioneller Komponenten in Form der ihnen entsprechenden Funktionseinheiten zu Rechnern bietet.

Eine klare Abgrenzung der Aufgaben funktioneller Komponenten ermöglicht den Austausch spezieller Methoden bzw. Algorithmen innerhalb funktioneller Komponenten. Bei der Festlegung der Abgrenzung ist zusätzlich ein hoher Parallelitätsgrad bei der Bearbeitung von Benutzeranweisungen innerhalb des verteilten Dateiverwaltungssystems anzustreben, um den Systemdurchsatz und damit die Systemeffizienz weiter zu steigern.

Einen Ansatz zur Konzipierung eines operationalen Modells für ein verteiltes Dateiverwaltungssystem stellt die explizite Implementierung jeder Schicht des Architekturmodells dar. Diese Vorgehensweise ist jedoch vergleichsweise zu aufwendig und effizienzmindernd, da für die verschiedenen Schichten gleichartige Systembausteine erstellt werden müßten; als offensichtlichstes Beispiel ist hier die Katalogverwaltung zu nennen. Diese Nachteile werden vermieden, indem einzelne funktionelle Komponenten Aufgaben mehrerer Schichten wahrnehmen und verschiedene Abbildungsschritte zusammengefaßt werden.

3.2. Funktionelle Komponenten

In einer anfänglichen Aufteilung lassen sich drei funktionelle Bereiche unterscheiden.

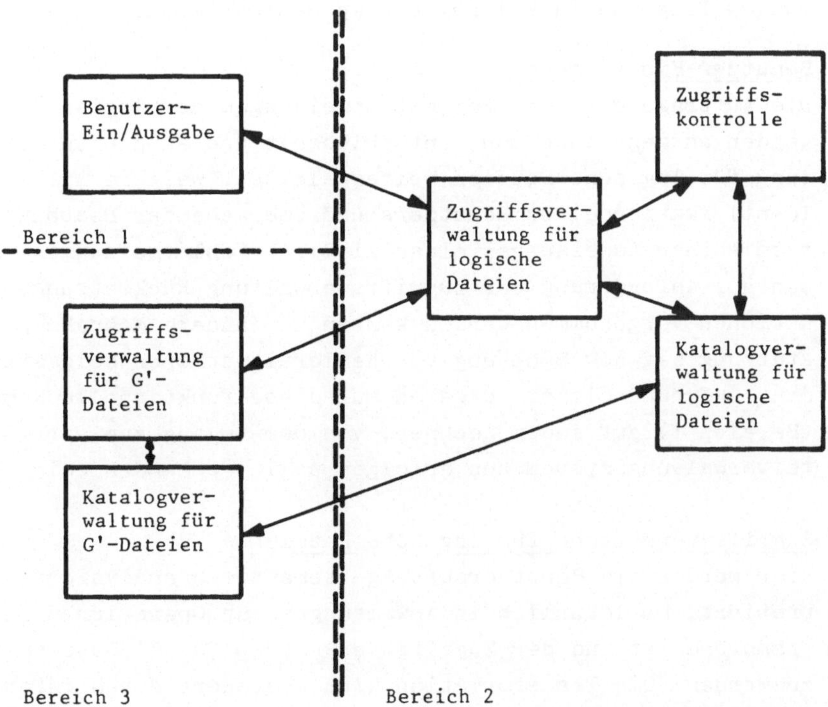

<u>Bild 3</u>: Operationales Modell eines verteilten Dateiverwaltungssystems

1. Die lokale Eingabe und Entgegennahme von Operatoren durch verschiedene Benutzer und die notwendigerweise ebenfalls lokale
Rückgabe der Bearbeitungsresultate.

2. Die globale Bearbeitung der Anweisungen unter Verwendung globaler Informationen; dies bedingt z.B. Transformation der Anweisungen auf Zugriffsoperatoren für Dateien der lokalen Rechner.

3. Ausführung der Operationen auf den lokalen Dateien.

In bezug auf das Architekturmodell entspricht der Bereich 1 der
Schnittstelle für die Operatoren der logischen Dateiebene, der
Bereich 2 den drei Schichten B-, VG- und G-Schicht, der Bereich 3
der G'- und L-Schicht. Unter Berücksichtigung der Notwendigkeit
für eine Kooperation bei der Verwaltung von Transaktionen und in-
terner Sekundärinformationen lassen sich durch weitere Verfeine-
rungen folgende funktionelle Komponenten festlegen:

Benutzer-Ein/Ausgabe
Die Aufträge der Benutzer mit Anweisungen der logischen Dateiebene
werden entgegengenommen, entschlüsselt und an die Zugriffsverwaltung für logische Dateien weitergeleitet. Weitere Aufgabe ist die
Identifikation eines Benutzers und Übergabe der Bearbeitungsresultate seiner Anweisungen einschließlich Fehlermeldungen. Ferner müssen auf Anforderung der Zugriffsverwaltung Rücksetzungen von Transaktionen vorgenommen werden können und andere Maßnahmen zur Unterstützung bei der Behebung von Fehlersituationen beigesteuert werden. Aufgrund dieser Aufgaben muß diese funktionelle Komponente
(Bereich 1) auf jedem Rechner, von dem Zugang zum verteilten Dateiverwaltungssystem aus erfolgen soll, vorhanden sein.

Zugriffsverwaltung für logische Dateien
Hier werden die Benutzeraufträge semantisch analysiert und interpretiert, um letztlich in Anweisungen für Operationen auf G'-Ebene
transformiert und der Zugriffsverwaltung für G'-Dateien übergeben
zu werden. Die Transformation wird gesteuert durch Informationen
aus Dateibeschreibungsblöcken für logische Dateien. Diese Informationen stammen aus dem Katalog für logische Dateien und werden von
der zugehörigen Katalogverwaltung bei erstmaligem Eröffnen einer
logischen Datei durch eine Transaktion geliefert.

Zugriffe auf logische Dateien sind nur innerhalb von Transaktionen
erlaubt, d.h. innerhalb einer Transaktionsklammerung. Beim Aufbau
der Transaktion müssen gewisse Regeln eingehalten werden, die von
der Zugriffsverwaltung überprüft werden müssen. So müssen z.B. vor
Zugriffen auf Daten Reservierungen vorgenommen werden und zudem
müssen die dazu notwendigen Sperr- und Freigabeanweisungen in einer
bestimmten Reihenfolge, einer sog. Wachstums- und Schrumpfungs-
phase angeordnet werden /ESW/. Zur Reservierung der zu referenzie-
renden Daten ist die Zugriffskontrolle einzuschalten. Eine spätere
Überprüfung, ob eine Reservierung vorliegt, kann anhand von Informationen erfolgen, die bei der Zugriffsverwaltung und Zugriffskontrolle aufgebaut werden.

Diese Verwaltungsmaßnahmen erfordern eine transaktionsbezogene Überwachung aller Operationen und somit auch die Verwaltung von Transaktionen.

Verwaltung von Katalogen über logische Dateien
Folgende Aufgaben sind von der Katalogverwaltung für logische Dateien auszuführen:

- Bereitstellen von Informationen über die Abbildung von logischen
  Dateien auf Rechner und G'-Dateien,
- Eintragen und Löschen von Dateibeschreibungsschemata,
- die Gewährleistung netzweit eindeutiger Dateinamen für logische,
  VG- und G-Dateinamen,
- Erzeugen und Löschen von Dateien,
- Ausführen von MDL-Operationen,
- Organisation des Katalogs im verteilten DV-System.

Die Komplexität dieser Aufgaben ist stark abhängig von der Organisationsform des Katalogs. Werden z.B. redundante Z-Dateien zur Implementierung von Katalogen herangezogen, so wird ein Teil der Aufgaben, wie z.B. Bereitstellen von Informationen durch Operatoren
der logischen Dateiebene erledigt, bei anderen Organisa-
tionsformen, z.B. einem System von Z-Datei gekoppelt mit einer B-
Datei müssen bei redundanter Auslegung eines solchen Systems die
Koordinationsmechanismen der funktionellen Komponente für die Zugriffskontrolle in Anspruch genommen werden.

Zugriffskontrolle

Die Aufgaben der Zugriffskontrolle betreffen das Sichern der operationalen Integrität /DRO/ von Primär- und Sekundärinformation, d.h. Dateien, einzelnen Sätzen und verschiedenen hauptspeicherresidenten Datei- und Transaktions-Beschreibungsblöcken. Dies bedingt die Verantwortlichkeit für Sperren und Entsperren von Datenbeständen und die Behandlung von Verklemmungssituationen. Es können z.B. durch sukzessives Sperren von Datenbeständen Verklemmungen verschiedener Transaktionen entstehen. Solche Situationen müssen von der Zugriffskontrolle erkannt und beseitigt werden, wobei unter Umständen das Zurücksetzen von Transaktionen notwendig wird. In diesem Zusammenhang müssen auch Aufgaben zur koordinierten Behandlung von Fehler- und Ausfallsituationen, z.B. bei Rechnerausfällen, gelöst werden (vgl. hierzu /DRO/).

Zugriffsverwaltung für G'-Dateien

Diese funktionelle Komponente nimmt Anweisungen über Zugriffe auf G'-Dateien von der Zugriffsverwaltung für logische Dateien entgegen und transformiert sie auf Operatoren der L-Ebene, d.h. des jeweiligen lokalen Dateiverwaltungssystems. Die Informationen für die notwendigen Abbildungen werden von der Verwaltung des Katalogs über G'-Dateien geliefert. Zudem müssen verschiedene Anpassungen an das lokale Dateiverwaltungssystem vorgenommen werden.

Verwaltung von Katalogen für G'-Dateien

Hier entstehen in einfacherem Rahmen ähnliche Aufgaben wie für die Verwaltung des Katalogs für logische Dateien. Zusätzlich müssen Aufgaben einer Peripheriespeicherverwaltung bei der physischen Plazierung von Dateien wahrgenommen werden.

3.3. Verteilung von Funktionseinheiten

Durch die Strukturierung mittels funktioneller Komponenten erfolgt eine Aufteilung des operationalen Modells. Inkarnationen einer funktionellen Komponente auf einem Rechner werden über Funktionseinheiten realisiert. Deren Verteilung im Rechnernetz orientiert sich an der Zugehörigkeit der in Bild 3 aufgeführten Funktionsbereiche.

Für die Funktionsbereiche 1 und 3 gilt, daß die darin enthaltenen
funktionellen Komponenten jeweils in Form einer Funktionseinheit
in jedem Rechner bzw. in jedem Rechner, wo lokale Datenbestände zugänglich sind, vorhanden sein müssen. Diese Mindestausstattung da-
gegen genügt jedoch bereits, um einen Rechner am vollen Funktionsumfang des verteilten Dateiverwaltungssystems teilhaben zu lassen.
Dies kann sogar soweit gehen, daß unter Verzicht auf jegliche lokalen Datenbestände lediglich eine funktionelle Komponente für Ein/
Ausgabe vorhanden ist, wobei ein solcher Rechner zunehmend den
Charakter eines intelligenten Terminals annehmen kann. Auf diese
Weise ist man in der Lage, selbst wenig leistungsfähige Kleinstrechnersysteme für spezielle Anwendungen einsetzen zu können.

Bei der Verteilung von funktionellen Komponenten des Bereichs 2
- des eigentlichen Kerns des verteilten Dateiverwaltungssystems -
ist es hingegen möglich, sie in Form von Funktionseinheiten relativ
freizügig auf verschiedenen Rechnern unterzubringen.

Bezüglich der Zugriffskontrolle beispielsweise sind als extreme
Realisierungsformen zentrale bis völlig dezentrale Kontrollstruktu-
ren vorstellbar. Die relativ enge Kooperation von Zugriffsverwaltung und Zugriffskontrolle empfiehlt jedoch die Berücksichtigung
der Verteilung von Funktionseinheiten für Zugriffsverwaltung und umgekehrt. Im konkreten Fall müssen bei der Verteilung von Funktionseinheiten die Verteilung und Umfang von Datenbeständen und Benutzergruppen, charakteristische Verwendungsweisen des Datenverwaltungs-
systems seitens der verschiedenen Benutzergruppen, Eigenschaften
lokaler Rechnersysteme und Eigenheiten des Nachrichtentransportsy-
stems beachtet werden.

4. Zusammenfassung

Architektur und operationales Modell eines verteilten Dateiverwaltungssystems wurden vorgestellt. Die Architektur erlaubt die Verteilung von Daten unter Berücksichtigung sowohl von Zuverlässigkeitsanforderungen als auch der Zugriffsoptimierung für Benutzergruppen mittels Kopien und Cluster. Für das operationale Modell konnte eine Aufteilung in funktionelle Komponenten angegeben werden, die für ein konkretes verteiltes DV-System die geeignete Struktur des verteilten Dateiverwaltungssystems zu konfigurieren ermöglicht.

Literatur

/DRO/   Drobnik, O.: Verfahren zur Sicherung der operationalen Integrität in verteilten Datenbasen bei dezentraler Kontrollstruktur
        Dissertation, Universität Karlsruhe, 1977

/ESW/   Eswaran, K.P. et al.: On the notions of consistency and predicate locks in a data base system
        CACM, Nov. 1976, Vol. 19, No. 11

/KBH/   Keil, C., Breitwieser, H., Holler, E.: DISCO: Ein Datenbankkonzept für Kleinrechnernetze auf der Basis eines verteilten Dateiverwaltungssystems
        GI-Fachtagung: Datenbanken in Rechnernetzen mit Kleinrechnern, Kernforschungszentrum Karlsruhe 1978

/HKK/   Holler, E., Krieger, J., Knöpker, R.: Ein universeller Kommunikationsprozessor für den Aufbau verteilter PDV-Systeme
        GMR-GI-GfK-Fachtagung Prozeßrechner, Augsburg, 1977,
        Informatik-Fachberichte 7, Springer-Verlag

Synchronisation durch Locking

in verteilten Datenbanken

G. Schlageter

Institut für Angewandte Informatik
und Formale Beschreibungsverfahren
der Universität Karlsruhe (TH)

Diese Arbeit wurde teilweise finanziert aus Mitteln des BMFT,
DV-Vorhaben Nr. DV 081 5009

1. Einleitung

In einer verteilten Datenbank sind logisch untereinander in Beziehung
stehende Datenobjekte in einem Rechnernetz verstreut gespeichert.
Benutzeraufträge benötigen häufig Datenobjekte von verschiedenen
Rechnern. Um die Konsistenz der Datenbank und der Ergebnisse der Benutzeraufträge zu sichern, muß der Zugriff auf die Datenobjekte netzweit synchronisiert werden: unabhängig davon, wo die Objekte im zugrundeliegenden Rechnernetz gespeichert sind, ist dafür zu sorgen,
daß alle Objekte, die ein Auftrag zu sehen bekommt, aus einem gültigen
(konsistenten) Zustand der Gesamtdatenbank stammen.

Das Problem der Synchronisation paralleler Prozesse auf zentralen Datenbanken wurde erst in jüngster Zeit systematisch untersucht; es ist
daher wenig erstaunlich, daß zum Problem der Synchronisation in verteilten Datenbanksystemen nur spezielle Untersuchungen vorliegen /Hol,
Dro, Tho/, die im Zusammenhang mit Untersuchungen über verteilte Betriebssysteme in Rechnernetzen angestellt wurden. In dieser Arbeit
wird das Synchronisationsproblem konsequent unter Datenbank-Gesicht-
punkten diskutiert, vor allem mit der Absicht, den generellen Rahmen
für denkbare Verfahren zu erkennen. Es wird zunächst das Problem der
"korrekten Synchronisation" von Prozeßsystemen auf verteilten Datenbanken untersucht und entsprechende Bedingungen angegeben. Auf dieser
Basis wird ein Konzept für ein Synchronisationsverfahren vorgeschlagen,
das sich durch die Anwendung von Lockprotokollen auf Benutzerprozeßebene auszeichnet; im wesentlichen wird versucht, die für zentrale
Datenbanksysteme vorliegenden Ergebnisse /CBT, EGL, Sch/ auf verteilte
Datenbanken zu übertragen.

Der in diesem Bericht beschriebene Typ von Synchronisationsverfahren
erlaubt das Entstehen von Deadlock. Es zeigt sich jedoch, daß auch ein
Deadlock, der sich über mehrere Rechner erstreckt, mit verhältnismäßig
geringem Aufwand - insbesondere mit geringem Kommunikationsaufwand -
entdeckt und aufgelöst werden kann. - Ein deadlockfreies Synchronisationsverfahren wird in einem getrennten Bericht vorgestellt.

Zur Veranschaulichung des Synchronisationsproblems in verteilten Datenbanken diene das folgende einfache Beispiel:

Nehmen wir an, daß in einem Netz auf Computer a die Sätze aller Angestellten geführt werden, die mehr als DM 10000,-- verdienen, auf Com-

puter b die Sätze aller übrigen Angestellten. Wir betrachten zwei
Aufträge P und Q:

P erhöht alle Gehälter um 1o%.
Q liest alle Angestelltensätze, er ist nicht an den Gehältern interessiert.

Es kann jetzt folgendes geschehen: Q liest die Sätze auf a; P ändert
die Sätze auf a und b, wodurch – unter Umständen automatisch durch
das System – einige Sätze von Computer b auf Computer a übertragen
werden (neues Gehalt > 10000); Q liest schließlich die Sätze auf b.
Obwohl Q nicht am Gehalt der Angestellten interessiert ist, erhält er
ein inkonsistentes Bild der Datenbank: er sieht diejenigen Angestellten nicht, die infolge der Gehaltserhöhung von b auf a wandern.

2. Bisherige Ansätze

Das Problem der Zugriffssynchronisation auf verteilte Datenbanken wurde in gewissem Umfang behandelt im Zusammenhang mit Untersuchungen
über dezentralisierte Kontrolle in Rechnernetzen, vgl. z.B. /Hol,
Dro, Tho/. Das allgemeinste Verfahren wird in /Dro/ beschrieben; die
im vorliegenden Zusammenhang wichtigsten Merkmale dieses Verfahrens
sind die folgenden:
Jeder Netzknoten (Rechner) verfügt über eine Kontrollinstanz, den
Dateimanager. Benutzerprozesse reichen Zugriffsaufforderungen in
Form von Aufträgen an einen der Dateimanager. Die Gesamtheit der Dateimanager sorgt für eine koordinierte Bearbeitung der Zugriffsaufforderungen, d.h. für die Durchführung der Einzelzugriffe auf alle
Datenbankkomponenten. Zu diesem Zweck verfügt jeder Dateimanager über
eine sogenannte Netzzustandsinformation, das sind Variablen, die den
Belegungszustand der verteilten Datenbank beschreiben. Anhand dieser
Netzzustandsinformation stellt der Dateimanager fest, ob ein vom Be-
nutzerprozeß gesendeter Auftrag durchführbar ist, oder ob benötigte
Datenbankkomponenten gerade belegt (gesperrt) sind. Ist die Durchführung des Auftrags möglich, so wird ein Koordinierungszyklus gestartet, in dem sich die Dateimanager darüber abstimmen, wer Zugriff
zur Datenbank erhält. In diese Abstimmungsphase sind alle Dateimanager
des Netzes einzubeziehen. Ist die Abstimmung erfolgt, so muß entsprechend die Netzzustandsinformation bei allen Dateimanagern geändert
werden, entsprechend nach Erledigung des Auftrages.

Der Prozeßablauf für jeden Auftrag umfaßt damit grundsätzlich einen
Testabschnitt, einen Zugriffsabschnitt (Lesen oder Schreiben von Datenbankkomponenten) und einen Restabschnitt (Veränderung der Netzzustandsinformation). Im Testabschnitt wird die Netzzustandsinformation
ausgewertet und verändert; an Stelle der Manipulation von zentralen
Zustandsvariablen tritt der Nachrichtenaustausch mit den anderen Dateimanagern. Es werden solange Nachrichten ausgetauscht, bis sich die
Dateimanager über die Durchführung eines Auftrages geeinigt haben.
Kern des Verfahrens ist ein Satz von Regeln für den Nachrichtenaustausch der Dateimanager.

Für die Diskussion möglicher Synchronisationsverfahren für verteilte
Datenbanken sind folgende Punkte bemerkenswert:

1. Jeder Dateimanager verfügt über die Information über den Belegungszustand der gesamten Datenbank (d.h. aller Datenbankkomponenten);

2. an jedem Synchronisationsschritt sind alle Dateimanager beteiligt;

3. es ist eine netzweite Koordinierung der Dateimanager sowohl für
   Auftragsinitierung als auch für Auftragsterminierung notwendig
   (Aktualisierung der Netzzustandsinformation).

4. Die Anzahl der je Auftrag auszutauschenden Kontrollnachrichten ist
   in einem Netz mit n Rechnern proportional zu n^2.

Man beachte, daß der skizzierte Koordinationsmechanismus aufgerufen
werden muß, sobald Zugriff zu einer bisher nicht benötigten Datenbank-
komponente verlangt wird. In der Datenbankumgebung sind die Datenbankkomponenten, die ein Benutzerauftrag benötigt, oft nicht von vorn-
herein bekannt und werden nicht gleichzeitig verlangt; in einem solchen Fall muß der Koordinationszyklus sehr oft gestartet werden, was
zu einer unerträglichen Belastung des Kommunikationssystems führen
kann.

3. Serialisierbarkeit in der verteilten Datenbank

In der Datenbankumgebung wird die parallele Ausführung von Benutzeraufträgen als korrekt synchronisiert betrachtet, wenn das entstehende
Prozeßsystem serialisierbar ist, d.h. wenn irgendeine serielle Ausführung der Benutzeraufträge mit gleichem Endzustand der Datenbank
und gleichen Ergebnissen der Aufträge möglich gewesen wäre. Konsistenz
der Datenbank setzt Serialisierbarkeit des auf ihr arbeitenden Prozeßsystems voraus.

Die Übertragung des Serialisierbarkeitsprinzips auf verteilte Datenbanken ist offensichtlich: man betrachte die verteilte Datenbank als
eine Maschine mit _einem_ Speicher, dann müssen die Zugriffe auf die
Objekte in diesem Speicher so synchronisiert sein, daß eine äquivalente
serielle Ausführung aller Benutzeraufträge möglich wäre.

Komplikationen gegenüber zentralen Datenbanken entstehen dadurch,
daß Aufträge unter Umständen Objekte benötigen, die auf verschiedenen
Rechnern liegen; die Rechner können aber nur über ein Nachrichtentransportsystem miteinander kommunizieren, das mit variablen Verzö-
gerungen behaftet ist. Wann ein Auftrag, der einem fremden Rechner
erteilt wird, dort ankommt und ausgeführt wird, ist nicht bekannt.

Mit dem in Kapitel 2 skizzierten Verfahren ist Serialisierbarkeit nur
dann gewährleistet, wenn alle Datenbankkomponenten, die für einen
Benutzerauftrag benötigt werden, in einem einzigen Koordinationszyklus verlangt werden. Es ist nichts darüber ausgesagt, was geschehen
soll, wenn Datenbankkomponenten nacheinander verlangt und freigegeben
werden. Grundsätzlich ist damit dieses Verfahren auf einen schmalen
Bereich möglicher Anwendungen beschränkt, es stellt für verteilte
Datenbanken keine allgemein brauchbare Lösung dar.

Selbst für den Fall, daß jeder Benutzerauftrag gleichzeitig alle von
ihm benötigten Datenbankkomponenten angibt, besitzt das Verfahren -
neben dem hohen Kommunikationsaufwand - die folgende Schwäche: da
die Netzzustandsinformation, die den Belegungszustand der gesamten
Datenbank enthält, in allen Kontrollinstanzen gespeichert wird, kommt
nur eine sehr grobe Zerlegung der Datenbank in sperrbare Einzelkom-
ponenten in Frage, bestenfalls auf File-, Relationen- oder Area-Ebene.
Dies ist zwar sicherlich für viele Anwendungen völlig ausreichend,
wird aber in anderen Fällen die Parallelarbeit beim lokalen Rechner
unerträglich einschränken.

In dieser Arbeit wird das Synchronisationsproblem in verteilten Datenbanken auf einer allgemeineren Ebene untersucht, und es wird ein Zugang zu dem Problem diskutiert, der im wesentlichen von der Datenbank-
Seite her kommt: Synchronisation durch Anwendung von Lockprotokollen
auf Benutzerprozeßebene. Lockprotokolle, die Serialisierbarkeit ge-
qährleisten, sind für zentralisierte Datenbanken wohlbekannt /CBT,
EGL, Sch/, wurden jedoch bislang im Zusammenhang mit verteilten
Datenbanken nicht untersucht. Dies ist jedoch dringend notwendig, um
die Diskussion auf breiteren und fundierteren Boden zu stellen und

um den generellen Rahmen für denkbare Verfahren zu erkennen. Das in Kapitel 2 skizzierte Verfahren könnte als eine Funktion des Kommunikationssystems angesehen werden, so daß allgemeinere Synchronisationsverfahren auf diesem Verfahren aufbauen könnten; wir werden dies jedoch nicht tun, da es zunächst darauf ankommt, die tatsächlich vom Synchronisationsproblem herrührenden Zwänge und den entsprechenden Aufwand aufzuzeigen.

Im folgenden gehen wir davon aus, daß Synchronisation durch Sperren von Objekten der Datenbank erreicht werden muß. In diesem Falle müssen alle auf die Datenbank zugreifenden Prozesse ein Lockprotokoll einhalten, das die Regeln für das Sperren und Freigeben von Objekten festlegt. Für zentralisierte Datenbanken ist ein grundlegendes Protokoll bekannt, das Serialisierbarkeit garantiert; es kann folgendermaßen zusammengefaßt werden:

<u>Zwei-Phasen-Lockprotokoll:</u>

(1) Vor dem Zugriff auf ein Objekt v wird v gesperrt;

(2) Nach der ersten Freigabe eines Objektes darf kein weiteres Objekt gesperrt werden.

Physisches Sperren, d.h. Sperren von einzelnen Objekten der Datenbank, nach diesem Protokoll ist nicht ausreichend, wenn Prozesse assoziativ- d.h. über Inhalte, nicht über identifizierende Namen - adressieren; in diesem Falle ist logisches Sperren anzuwenden, bei welchem gesperrte Objekte nicht identifiziert sondern als Menge durch Sperrprädikate beschrieben sind. Bei logischem Sperren muß das Absetzen und Aufgeben von Sperrprädikaten wiederum dem Zwei-Phasen-Lockprotokoll unterliegen. Für das Folgende ist es deshalb unwesentlich, ob im Netz, d.h. in den lokalen Datenbanken, logisch oder physisch gesperrt wird.

Wir wollen zunächst ganz unabhängig von der Funktionsweise des verteilten Datenbanksystems und Kommunikationssystems des Netzes untersuchen, unter welchen Voraussetzungen ein Prozeßsystem auf einer verteilten Datenbank serialisierbar ist. Wir gehen dazu vom folgenden sehr abstrakten Modell aus: ein Benutzerauftrag besteht aus Teilaufträgen (bzw. wird in solche zerlegt), die jeweils auf einem Rechner erledigt werden können; die Ausführung des Benutzerauftrages P^*_i führt damit zum Start einer Menge $P_i = \{P^i_1, \ldots, P^i_{n_i}\}$ von Prozessen, die parallel zueinander auf verschiedenen Rechnern ablaufen. Jeder Prozeß P_j^i benötigt im allgemeinen eine Menge von Objekten aus dem für ihn lokalen Teil der verteilten Datenbank. Für eine gegebenen Menge Π^* von Benutzeraufträgen ist dann das folgende Prozeßsystem zu betrachten:

$$\Pi = \{ P_j^i \mid P_j^i \text{ Prozeß des Auftrags } P_i^*, \; P_i^* \in \Pi^* \}.$$

Natürlich wird im allgemeinen ein Benutzerauftrag P_i^* eine teilgeordnete Menge von Aufträgen für die einzelnen Rechner auslösen. Wir brauchen jedoch hierauf nicht weiter einzugehen, da wechselseitig geordnete Aufträge bezüglich des hier angesprochenen Synchronisationsproblems nicht betrachtet zu werden brauchen: die Synchronisation wird unmittelbar vom Benutzerauftrag selbst definiert. Wir gehen also im folgenden davon aus, daß die Prozesse P_j^i in beliebiger Weise zeitlich zueinander ausgeführt werden können, sofern der Auftrag alleine im Netz bearbeitet wird.

Wir nehmen an, daß ein von einem Prozeß P_j^i benötigtes Objekt nur einmal gesperrt und wieder freigegeben wird.

Bezüglich der Serialisierbarkeit des Prozeßsystems Π gilt nun folgender

<u>Satz 3.1:</u>

Das Prozeßsystem Π auf der verteilten Datenbank ist dann und nur dann serialisierbar, wenn für die Prozesse P_j^i jedes Auftrages P_i^* gilt: es gibt einen Zeitpunkt t_o, zu dem jeder Prozeß P_j^i des Auftrages alle von ihm benötigten Objekte aktuell gesperrt hat.

<u>Beweis:</u>

Es genügt zu zeigen, daß die Existenz von t_o für die Prozesse eines Auftrages P_i^* gleichbedeutend damit ist, daß der zu P_i^* gehörige, auf der verteilten Datenbank ablaufende Gesamtprozeß das Zwei-Phasen-Protokoll einhält. Da zum Zeitpunkt t_o alle vom Gesamtprozeß benötigten Objekte gesperrt sind, verhält sich der Prozeß offenbar zweiphasig: vor t_o wurden die Objekte gesperrt (es ist unerheblich wie) und kein Objekt freigegeben(da es ja sonst vor t_o zum zweitenmal gesperrt worden wäre), erst nach t_o werden Objekte freigegeben und kein weiteres Objekt gesperrt. Die Notwendigkeit ist ebenfalls sofort einsichtig: gibt es t_o nicht, so sind Objekte freigegeben während andere noch gesperrt werden, und ein fremder Prozeß kann, ohne es zu bemerken, Objekte im alten und andere im neuen Zustand sehen.

Man beachte, daß bei allen hier gemachten Aussagen lediglich die Vorgänge "Sperren" und "Freigeben" von Objekten oder aber "Zugriff" auf
ein Objekt betrachtet werden, nicht aber die Operationen, die auf den
Objekten ausgeführt werden. Würden Operationen usw. betrachtet, so
könnte natürlich "Kommutativität" von Operationen usw. festgestellt
werden, und Satz 3.1 wäre lediglich hinreichende, nicht aber notwendige Bedingung für Serialisierbarkeit.

4. Ein Synchronisationsverfahren

Die in Satz 3.1 verlangte Koordinierung der Prozesse eines Auftrags
bezüglich t_o kann sicherlich auf unterschiedliche Weise erreicht
werden. Da wir uns zunächst für die Minimalanforderungen an ein Synchronisationsverfahren interessieren, müssen wir von den folgenden
Annahmen ausgehen:

(1) Information über die Belegung der Datenbank-Objekte, kurz Sperr-
    information genannt, wird nur dezentral geführt, d.h. für jedes
    Objekt nur dort, wo es gespeichert wird.

(2) Zur Synchronisation werden nur diejenigen Rechner angesprochen,
    die zur Bearbeitung eines Auftrages tatsächlich benötigt werden.

Satz 3.1 zusammen mit diesen Annahmen führen zur folgenden prinzipiellen Vorgehensweise:

1. Alle Prozesse befolgen lokal das Zwei-Phasen-Protokoll, d.h. die
   lock- und unlock-Befehle auf dem lokalen Rechner werden entsprechend dem Zwei-Phasen-Protokoll gesetzt.

2. Bevor ein Prozeß ein Objekt freigibt, wird sichergestellt, daß
   alle Prozesse des Auftrages alle von ihnen benötigten Objekte gesperrt haben.

Dies bedeutet im wesentlichen, daß wir eine Abstimmung der Prozesse
eines Auftrages untereinander darüber durchführen, wann die Phase der
Objektfreigabe eröffnet werden darf. Innerhalb beider Phasen sind
alle Prozesse voneinander völlig unabhängig, der einzige Koordinie-
rungszwang besteht bezüglich t_o.

Damit ist nun unmittelbar ein konkretes Synchronisationsverfahren vor-
gezeichnet. (Es sei hier nur angemerkt, daß andere Verfahren unter
denselben Annahmen realisiert werden können; ein solches Verfahren,

das deadlockfrei ist, wird in einer getrennten Arbeit vorgestellt.)
Wir ergänzen dazu die Annahmen über die Abarbeitung eines Auftrages
folgendermaßen: derjenige Rechner, bei welchem der Benutzerauftrag
gestartet wird, übernimmt die Steuerung für die gesamte Abarbeitung
des Auftrages; die weiteren benötigten Rechner werden per Auftrag
angesprochen. Der Benutzerauftrag wird somit abgewickelt durch einen
Primärprozeß, der an andere Rechner Nachrichten absetzt und auf Nachrichten von anderen Rechnern wartet. Die Aufträge des Primärprozesses
an Fremdrechner führen zu sogenannten Sekundärprozessen.
Netzweit wird Serialisierbarkeit nun durch das folgende Verfahren gewährleistet:

Synchronisationsverfahren:

(1) Jeder Sekundärprozeß meldet dem Primärprozeß den Abschluß seiner
    (lokalen) Sperrphase, d.h. er sendet eine Nachricht, sobald er
    sicher ist, daß er alle Objekte, die er zu Durchführung des Auf-
    trages benötigt, gesperrt hat;

(2) sobald alle Sekundärprozesse das Ende ihrer Sperrphase gemeldet
    haben, macht der Primärprozeß eine entsprechende Mitteilung an
    alle Sekundärprozesse, d.h. er eröffnet die Freigabephase. -

Man sieht, daß zur korrekten Synchronisation bei n Sekundärprozessen
nur 2n Sychronisationsnachrichten übertragen werden müssen. Zur Be-
urteilung des Gesamtaufwandes genügt dies allerdings nicht, da der
Deadlock-Fall zu berücksichtigen ist.

Man beachte, daß das obige Verfahren nicht die Erteilung vollständiger Aufträge an Fremdrechner erlaubt, in dem Sinne, daß ein Auftrag
erteilt wird und nach Abschluß des Auftrages eine Rückmeldung erfolgt.
Der Sekundärprozeß muß die Erlaubnis zur Freigabe von Objekten abwar-
ten, ehe er beendet werden kann. Betrachten wir dazu ein Beispiel:

Zur· Bearbeitung eines Auftrages werden die Objektmengen A,B und C
benötigt. A liege auf Rechner a, B auf b, C auf c. Der Primärprozeß
läuft auf a ab. Vereinfachend setzen wir die folgenden Funktionen des
Kommunikationssystems voraus:

send a: eine Nachricht wird nach a übermittelt
receive a: der ausführende Prozeß P empfängt eine Nachricht von a;
             sofern die Nachricht noch nicht eingetroffen ist, fährt
             P mit der Verarbeitung nicht fort, bis die Nachricht
             empfangen wird.

Zum Sperren und Freigeben von Objekten werden die üblichen Operatoren **lock** und **unlock** verwendet.

Der Primärprozeß könnte jetzt folgendermaßen aufgebaut werden:

.

.

.

send b (Auftrag: lock B;...; unlock B; send a)
send c (Auftrag: lock C;...; unlock C; send a)
lock A

.

.

.

receive b
receive c

.

.

.

unlock A

(Mögliche Parallelitäten sind nicht aufgelöst.)

Der Primärprozeß wartet zwar mit der Freigabe von A bis die Fertigmeldungen für die Aufträge an b und c eingegangen sind; dennoch garantiert diese Lösung nicht korrekte Synchronisation: es ist die in Bild 4.1 skizzierte Abarbeitung der Gesamtaufgabe möglich. Ein fremder Auftrag könnte zum Zeitpunkt t_1 einen inkonsistenten Ausschnitt der Datenbank erhalten: neues B, altes C.

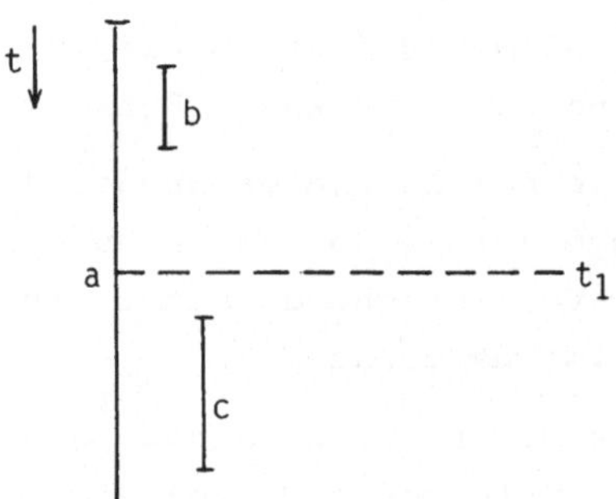

Bild 4.1: Inkonsistenz durch unzureichende
Synchronisation im Netz

Eine korrekte Lösung wäre die folgende:

```
    .

    .

send b (Auftrag: lock B;...; send a; receive a; unlock B)
send c (...)
lock A

    .

    .

receive b
receive c
(1) send b
send c
unlock A
```

An Stelle (1) ist gewährleistet, daß A,B und C gesperrt sind, bevor
eines davon freigegeben werden kann; die Vorschriften des oben definierten Synchronisationsverfahrens sind erfüllt.-

Die zur Einhaltung des obigen Synchronisationsverfahrens notwendigen
send- und receive-Anweisungen können automatisch generiert werden.
Ein Auftrag in ausführbarer Form enthält wie üblich lock-Anweisungen
für alle Objekte, auf die zugegriffen wird; irgendwo nach der
letzten lock-Anweisung, im ungünstigsten Falle erst am Ende des Auftrages, wird ein Codestück eingefügt, das eine Nachricht geeigneten
Inhalts an den Primärprozeß erzeugt ("alle benötigten Objekte gesperrt"). In den Primärpozeß werden vor dem ersten unlock entsprechende receive-Anweisungen für alle Aufträge an Fremdrechner eingefügt,
danach Codestücke, die geeignete Nachrichten für die Freigabe von
Objekten erzeugen ("Freigabe erlaubt").

Insgesamt sind zur Ausführung eines Teilauftrages auf einem Fremdrechner vier Nachrichten zu übertragen (ohne Quittungen):

1. Der Auftrag selbst (der zum Start des Sekundärprozesses führt)
2. Die Synchronisationsnachricht "Ende Sperrphase" vom Sekundärprozeß zum Primärprozeß
3. Die Synchronisationsnachricht "Freigabeerlaubnis" vom Primärprozeß zum Sekundärprozeß
4. Die Ergebnisse des Sekundärprozesses bzw. die Abschlußmeldung

Sofern das Ende der Sperrphase am Ende des Sekundärprozesses liegt
(Objekte bleiben bis zum Ende des Prozesses gesperrt), fallen die
Nachrichten 2 und 4 zusammen, so daß sich das Nachrichtenaufkommen
je Fremdauftrag auf 3 Nachrichten reduziert.

Es sei hier noch einmal darauf hingewiesen, daß mit Satz 3.1 und der
skizzierten prinzipiellen Verfahrensweise tatsächlich ein weiter
Rahmen für mögliche konkrete Synchronisationsverfahren geplant ist.
In welcher Form die aufgezeigten Grundbedingungen wirklich eingehalten werden, muß auch im Hinblick auf hier nicht behandelte Faktoren entschieden werden, insbesondere im Hinblick auf das Problem
der Recovery.

5. Das Deadlock-Problem

Zwar bietet das skizzierte Synchronisationsverfahren sehr viel Freiheit bezüglich des Sperrens und Freigebens von Objekten - insbesondere
können Objekte zur Laufzeit zum Zeipunkt des Bedarfes gesperrt werden -, dafür wird aber das Entstehen von Deadlocks in Kauf genommen.
In dem durch Satz 3.1 gegebenen Rahmen können auch deadlockfreie
Synchronisationsverfahren definiert werden. Beispielsweise könnte
man die folgende Strategie anwenden: zur Ausführung eines Benutzerauftrages wird vor der Verarbeitung von Daten zunächst die Sperrung
aller benötigten Objekte verlangt. Sofern die Sperrung nicht für alle
gewünschten Objekte möglich ist, werden die bisher gesperrten Objekte
(netzweit!) wieder freigegeben, und es wird erneut die Sperrung aller
gewünschten Objekte verlangt. Da das Sperren von Objekten in einer
Datenbank ein aufwendiger Vorgang sein kann, und da Prozesse mit
diesem Protokoll sehr stark eingeschränkt sind, ist ein solches Synchronisationsverfahren nicht immer brauchbar. Hinzu kommt als wesentlicher Punkt, daß diese Vorgehensweise unbedingt durch Strategien zur
Vermeidung des dauernden Blockierens eines Prozesses (indefinite
blocking) ergänzt werden muß; andernfalls würden vor allem jene Aufträge, die Objekte auf vielen verschiedenen Rechnern verlangen, Ge-
fahr laufen, sehr lange verzögert zu werden. - Ein deadlockfreies
Verfahren der skizzierten Art, das zugleich Dauerblockierung aus-
schließt, wird in einem getrennten Bericht vorgestellt.

Bei nicht sehr zeitkritischen Anwendungen kann im allgemeinen eine
geringe Wahrscheinlichkeit für das Auftreten eines Deadlock in Kauf
genommen werden, wenn gewährleistet werden kann, daß der Deadlock

innerhalb gewisser Zeitspannen entdeckt und mit vertretbarem Aufwand beseitigt werden kann. Für das in Kapitel 4 beschriebene Synchronisationsverfahren wird im folgenden das Problem der Deadlock-Behandlung kurz betrachtet.

Deadlock-Behandlung für das definierte Synchronisationsverfahren wird dadurch kompliziert, daß Information über die Belegung von Objekten nur dezentral geführt wird, und damit die zur Deadlock-Erkennung notwendige Information im allgemeinen im Netz verstreut ist.

Zur Veranschaulichung betrachte man das Beispiel von Bild 5.1: vereinfachend werden mit P_i lokale Prozesse des Auftrags P_i^* bezeichnet; ein Pfeil $P_i \rightarrow P_j$ gibt an, daß P_i auf dem lokalen Rechner durch P_j blockiert ist, d.h. P_i wartet auf die Freigabe eines Objektes durch P_j. Obwohl auf keinem der Rechner ein Deadlock vorliegt, existiert ein netzweiter Deadlock: da sich die Prozesse

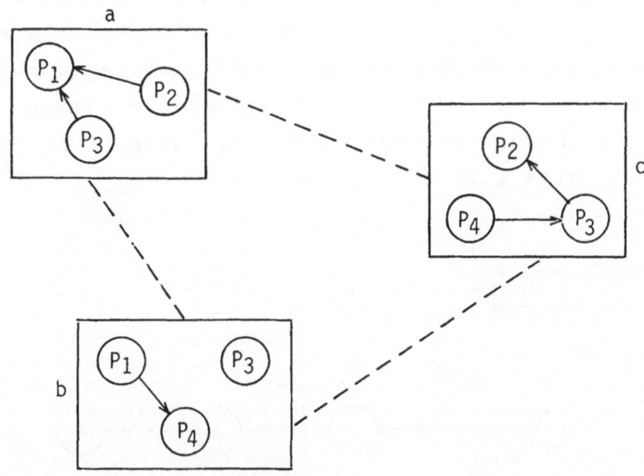

Bild 5.1: Beispiel für netzweiten Deadlock
bei lokaler Deadlockfreiheit

eines jeden Auftrages an das Synchronisationsverfahren von Kapitel 4 halten, kann P_1 auf Rechner a seine Objekte nicht (für P_2) freigeben, bevor nicht P_1 auf b seine Objekte besitzt; P_1 auf b wartet allerdings auf P_4 (auf b), der nicht freigeben kann, da P_4 auf c wegen P_3 blockiert ist, usw. Es liegt ein zyklischer Wartezustand

$P_1^* \to P_4^* \to P_3^* \to P_2^* \to P_1^*$ vor. Dies ist jedoch nur erkennbar, wenn die Abhängigkeiten zwischen Prozessen auf allen Rechnern integriert betrachtet werden.

Ein Deadlock kann nur dann entstehen, wenn ein Prozeß blockiert wird. Idealerweise sollte also Deadlock-Analyse immer dann durchgeführt werden, wenn ein Prozeß blockiert wird; praktisch wird es im allgemeinen genügen, Deadlock-Analyse erst dann zu starten, wenn ein Prozeß eine vorgegebene kritische Zeitspanne blockiert war (time-out), oder auch, Deadlock-Analyse periodisch durchzuführen.

Wir nehmen an, daß auf jedem Rechner R_s ein Zustandsgraph $G_s = (W_s, U_s)$ geführt wird, wobei W_s die Menge der Prozesse auf R_s ist, und für $U_s \subseteq W_s \times W_s$ gilt: $(P_k^{\ i}, P_l^{\ j}) \in U_s$ genau dann, wenn $P_k^{\ i}$ wegen $P_l^{\ j}$ blockiert ist.

Beim Begriff der "Blockierung" eines Prozesses durch einen anderen Prozeß ist folgendes zu beachten: sofern nicht sichergestellt ist, daß höchstens ein Prozeß eines Auftrages blockiert wird (schrittweise Anforderung von Objekten durch den Auftrag), müssen wir davon ausgehen, daß ein Prozeß bei Blockierung durch <u>jeden</u> Prozeß blockiert wird, der vor ihm auf die Freigabe eines gesperrten Objektes wartet. Man betrachte Bild 5.2: die Kreise

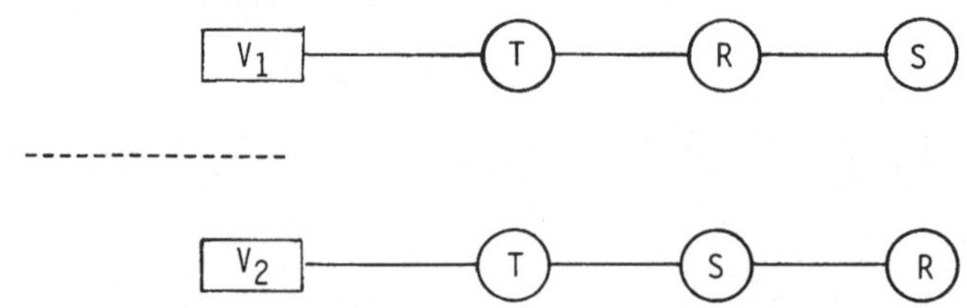

<u>Bild 5.2</u>: Beispiel für einen entstehenden Deadlock

stellen Prozesse der Aufträge R,S und T dar, die in der gezeichneten Reihenfolge die Objekte v_1 und v_2 erhalten sollen. Werden in die Zustandsgraphen nur die Abhängigkeiten "R blockiert durch T", "S blockiert durch T" aufgenommen, so wird der bevorstehende Deadlock zwischen R und S nicht entdeckt. Entweder muß nach Freigabe durch T und Modifikation der Zustandsgraphen erneut Deadlock-Analyse gestartet werden, oder aber es müssen die Abhängigkeiten "S blockiert durch

R" und "R blockiert durch S" aufgenommen werden. In letzterem Falle
kann der Deadlock entdeckt werden, bevor einer der beteiligten Prozesse R und S ein Objekt gesperrt hat.

Wir definieren dann den sogenannten <u>Abhängigkeitsgraphen</u> $G=(\Pi^*,U)$,
wobei Π^* die Menge der Aufträge ist, die im Netz gerade bearbeitet
werden, und $U \subseteq \Pi^* \times \Pi^*$ die Abhängigkeiten infolge Blockierung zwischen
den Aufträgen angibt:

$(P_i^*, P_j^*) \in U$ genau dann, wenn gilt:

$$\exists P_k^{\ i}, P_l^{\ j}, s: (P_k^{\ i}, P_l^{\ j}) \in U_s,$$

d.h. $(P_i^*, P_j^*) \in U$, wenn irgendein (lokaler) Prozeß von P_i^* durch einen
Prozeß von P_j^* blockiert ist. Im Abhängigkeitsgraphen werden also alle
Prozesse eines Auftrages zusammengefaßt und durch einen Knoten model-
liert, wobei die Abhängigkeiten zwischen den (lokalen) Prozessen erhalten bleiben.

Wir formulieren dann folgenden Satz:

<u>Satz 5.1</u>:

Ein Deadlock existiert in der verteilten Datenbank genau dann, wenn
in G ein Zyklus existiert. -

<u>Beweis</u>: es ist zu zeigen, daß
(1) ein Zyklus in G Deadlock bedeutet,
(2) Zyklenfreiheit Deadlockfreiheit bedeutet.

zu (1): nach der Konstruktion von G bedeutet ein Pfeil (P_i^*, P_j^*), daß
ein Prozeß $P_k^{\ i}$ von P_i^* wegen eines Prozesses $P_l^{\ j}$ von P_j^* blockiert ist.
Damit kann der Auftrag P_i^* die Freigabephase nicht erreichen, bevor
nicht die Blockierung von $P_k^{\ i}$ durch $P_l^{\ j}$ endet. Daraus folgt aber sofort, daß bei Existenz eines Zyklus keiner der Aufträge seine Freigabephase erreichen kann, d.h. es liegt ein Deadlock vor.

zu (2): aus der Konstruktion von G offensichtlich. -

(Obwohl dieser Satz trivial aussieht - vgl. die Ergebnisse aus dem
Bereich der Betriebssysteme - ist er es nicht ganz: bei veränderten
Annahmen über das Synchronisationsverfahren gilt er in dieser Form
u.U. nicht mehr. Beispiel: wie man leicht sieht, würde er bei Verzicht
auf die Koordination bezüglich t_o nicht ohne weiteres gelten.)

Aus Satz 5.1 ergibt sich unmittelbar eine Möglichkeit zur Feststel-
lung von Deadlock: es wird von einem der Rechner der Abhängigkeitsgraph G konstruiert, indem er alle Zustandsgraphen der anderen Rech-

ner der Abhängigkeitsgraph G konstruiert, indem er alle Zustandsgraphen der anderen Rechner anfordert. Der Rechner führt die Deadlock-Analyse aus und initiiert gegebenenfalls die notwendigen Maßnahmen zur Beseitigung. Damit wären zur Deadlock-Analyse bei n Netzrechnern 2(n-1) Nachrichten auszutauschen, der Abhängigkeitsgraph G zu konstruieren und schließlich die Zyklensuche in G zu starten. Hierbei ist zu beachten, daß der Aufwand zur Zyklensuche niedrig ist, da es nur darum geht, festzustellen, ob ein bestimmter (blockierter) Auftrag in einen Deadlock verwickelt ist; d.h. es ist bereits ein Knoten des möglicherweise existierenden Zyklus bekannt.

Die Deadlockanalyse kann während des normalen Betriebes ausgeführt werden, ein "Einfrieren" der lokalen Zustandsgraphen ist nicht notwendig. Prinzipiell ist damit auch eine Synchronisation der Datenbankmanager des Netzes bezüglich Deadlockanalyse nicht erforderlich; um netzweit den Overhead durch Deadlockanalysen niedrig zu halten, wird man jedoch zumindest Mitteilungen über den Start einer Analyse an die übrigen Rechner absetzen. Etwas kritischer ist das Auflösen eines Deadlock durch Auftragsabbruch: zumindest muß gewährleistet werden, daß derselbe Auftrag nicht wegen eines einzigen Deadlock mehrmals hintereinander abgebrochen und neu gestartet wird (was ja bei völlig unkoordinierter Deadlockbehandlung durch mehrere Rechner geschehen könnte). Effekte dieser Art können jedoch durch sehr simple Maßnahmen verhindert werden, z.B. dadurch, daß die Anweisung zum Abbruch eines Auftrages die Entstehungszeit des zugehörigen Primärprozesses enthält; wurde der Auftrag inzwischen schon zurückgerollt und neu gestartet, so ist der ankommende Abbruchauftrag gegenstandslos. – Wir wollen hier auf die Frage, wieweit Deadlockanalyse und Deadlockauflösung in geeigneter Weise netzweit durch Koordinationsmaßnahmen koordiniert werden, nicht weiter eingehen, zumal eine generell optimale Lösung nicht angegeben werden kann.

Im allgemeinen wird es nicht nötig sein, zur Deadlockanalyse den ganzen Graphen G verfügbar zu machen, in vielen Fällen werden sogar nur sehr kleine Ausschnitte benötigt. Aus diesem Grunde kann es günstig sein, folgendermaßen vorzugehen: sobald ein lokaler Prozeß P_k^i eine kritische Zeitspanne blockiert war, wird (von diesem Rechner oder vom Rechner des Primärprozesses aus) begonnen, diejenige Zusammenhangskomponente von G zu bestimmen, der P_i^* angehört. Grundsätzlich brauchen dann Rechner, auf welchen kein Prozeß der entsprechenden Zu-

sammenhangskomponente von G läuft, nicht angesprochen zu werden, wodurch in einem großen Netz erhebliche Kommunikationseinsparungen möglich sind. Allerdings ist die Konstruktion der Zusammenhangskomponen-
ten insofern langsamer als die von G, als die anzusprechenden Rechner
schrittweise ermittelt werden (aus den bereits bekannten Zustandsgraphen) und nicht simultan zur Übermittlung der benötigten Information beauftagt werden können.

Es ist schließlich noch bemerkenswert, daß die Auflösung eines Deadlock durch Abbruch und Zurückrollen eines Auftrages nicht kompliziert
ist, da kein abzubrechender Prozeß veränderte Objekte freigegeben -
d.h. für andere Prozesse sichtbar gemacht - hat. Rollback ist also
grundsätzlich auf den ausgewählten Auftrag beschränkt und kann durch
Verwendung der entsprechenden Before-Images der veränderten Objekte
einfach ausgeführt werden.

6. Schlußbemerkung

Es wurde die Frage der korrekten Synchronisation von Prozeßsystemen
in verteilten Datenbanken diskutiert und entsprechende Bedingungen
abgeleitet. Auf dieser Basis wurde ein Synchronisationsverfahren
skizziert, das Serialisierbarkeit durch Anwendung von Lockprotokollen auf Benutzerprozeßebene gewährleistet; es gibt den Prozessen sehr
große Freiheit bezüglich des Sperrens und Freigebens von Objekten.
Der Aufwand zur Synchronisation ist sehr niedrig, insbesondere werden nur diejenigen Rechner angesprochen, die tatsächlich benötigt
werden. Das Verfahren ist nicht deadlockfrei, jedoch kann der Aufwand
zur Deadlockanalyse und -beseitigung niedrig gehalten werden.

Literatur

CBT   Chamberlin,D.; Boyce,R.; Traiger,I.: A deadlock - free scheme
      for resource locking in a data-base environment.
      Proc. IFIP 1974, 34o - 343.

Dro   Drobnik,O.: Strukturmodelle dezentralisierter Kontrolle in Mehr-
      rechnersystemen. NTG-GI-Fachtagung "Rechnernetze und Datenfern-
      verarbeitung", Aachen 1976; Informatik Fachberichte 3, Springer
      Verlag.

EGL   Eswaran,K.P., et al.: The notions of consistency and predicate
      locks in a database system.Comm. ACM. 19(1976), 624 - 633.

Hol   Holler,E.: Koordination kritischer Zugriffe auf verteilte Daten-
      banken in Rechnernetzen bei dezentraler Überwachung.
      Dissertation, Universität Karlsruhe 1974.

Sch   Schlageter,G.: Prozeßsynchronisation in Datenbanksystemen.
      Habilitationsschrift, Universität Karlsruhe 1976.

Tho   Thomas,R.H.: A solution to the update problem for multiple
      copy databases which uses distributed control. Bolt Beranek
      and Newman, Inc., 5o Moulton St., Cambridge, Mass., o2138,1976.

DATA ACCESS IN A HETEROGENEOUS COMPUTER NETWORK

Butscher, B., L.-Bauerfeld, W., Popescu-Zeletin, R.

Hahn-Meitner-Institut für Kernforschung Berlin GmbH
Department of Computer Science and Electronics
Working Group: HMI-Computer Network
Glienicker Straße 100, D-1000 Berlin 39

<u>Abstract</u>

This paper reviews problems and possible design concepts for a remote
data access system in a heterogeneous computer network. The possible
system architectures are considered and analysed with regard to their
influence on a higher level protocol. It also stresses the goals of
the solutions with respect to incompatibilities between data management systems, and the way in which these goals are met. Advantages and
disadvantages of the proposed approaches are discussed for different
network environments.

1. Introduction

The execution of a process, located in some host (host A) of a computer network, will in general generate four different types of data access to files:

- a file residing in host A under the local Data Management System (DMS) contains the data to be accessed. Then no special implementation efforts seem to be necessary in a computer network environment.

- a copy of the file, residing on a second host (host B), will be stored on host A and locally accessed; this assumes the implementation of a "Remote File Transfer" (RFT).

- data, which is accessed during process execution will be transported from other hosts to host A, based on particular requests (records), this is called Remote Data Access (RDA).

- a new file containing all data, which is to be accessed will be created by a RDA-system according to some user's specification from other files, residing on different hosts. The file will then be stored locally and accessed. Such a file will be called a "Virtual File" (VF).

The RDA yields additional facilities in a network, for example for hosts, which offer no own DMS (e. g. operating system RSX-11S) or have restricted memory size (e. g. mini computer).

Due to the incompability of data structures, dissimilarity of access methods and many differences concerning syntax and semantics, the work of specifying and implementing a remote data access system within a heterogeneous computer network will generally cause a lot of problems.

The RDA system to be implemented should close the gap of the user's need to access remote data. In the following sections four different methods of design and implementation of such a system are discussed, and should give an idea of the requirements needed from higher-level protocols.

2. Homogeneous Subnet

A homogeneous subnet is defined as that part of a general computer
network, which connects machines with compatible attributes for a certain function or application. In this manner all installations with
the same data management system (DMS) can be connected together to a
homogeneous subnet for remote data access. In a network with n different DMS's it means an implementation of up to n independent remote
data systems, all of them basing on one netwide transport system.

From the user's point of view the first step of the design brings an
extension of the filename by a host-identification. Syntax and semantics of all operations and actions remain completely the same. For
the user it offers an increase of the amount of the resources known
to him.

The software on the host A, which controls the user process, will be
called RFA system ("Remote File Access") and the software on the host B,
where the data files reside, is named AFR system ("Access From Remote").
Both systems together form the RDA-system.

In the environment of the operating system of host B the AFR software
can reside as a high priority process, which uses the normal DMS interface. The RFA software is a set of user callable subroutines or
macros, which can be connected directly to the transportsystem or via
a central RFA-process. The needed protocol is determined by the ordered
sequence and described formats of the calls in the special DMS. If
checkpointing is an option of the chosen operating system, implementation of error recovery after line collapse, for instance, will be
relativly simple. A simple structure of the RDA system is shown in
the following figure:

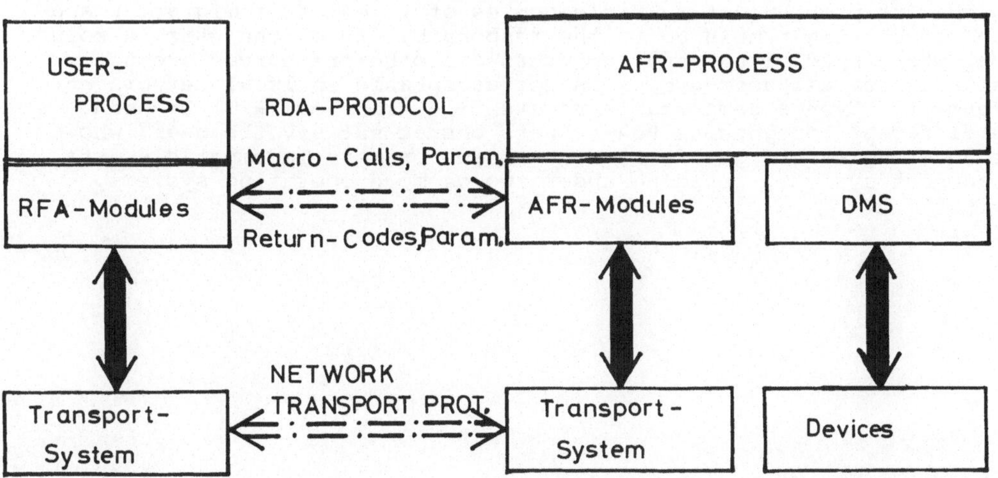

The partitioning of RFA and AFR functions defines the RDA protocol
layer and depends on an optimal adjustment to the given transport protocol.

The easiest but surely not optimal way of implementation consists in
giving the RFA routines only the following functions:

- identification of the destination host or branching
  to the local DMS,

- sending the user calls by the transport system and waiting
  for the arrival of data or return codes from the remote DMS
  and transmitting them to the calling user.

In order to increase transfer speed on a transport system with fixed
packet length or to reduce line costs it would be better to define
the protocol layer between RFA and AFR routines within the data management systems. Control information like a necessary file control block
or other status blocks are collected completely on host A before sending it. Generally this protocol serves action calls, return codes if
necessary and data transport of records. The strictly coupled mode
between user RFA calls and AFR answers can be expanded by a more
flexible windowing principle.

The next possible step for better efficiency would be to send and receive physical blocks within the RDA-system. The block size depends
on the optimal adjustment to the transport system and physical storage
requirements of the connected devices. In this case record access is
done by the local RFA-routines. There are additional problems of multiple storing and updating of control data or parts of them on both
hosts and resulting problems of co-ordinating accesses on shareable
files on host A and from another user process on host B. Only in some
DMS's these problems are solvable, when physical block locking is
available.

Due to fast success in the beginning, this concept is quite attrac-
tive for the programmer and for the user. A general solution for data
exchange, job scheduling on several hosts for load leveling, remote
job entry and remote spoolout can be implemented, based on this approach. But problems of multiple copies of files, file migration and
resource sharing remain up to the responsibility of the user. A solution, where special purpose computers and other resources are not
available for all user-groups is not acceptable in local network environments. Even a comfortable remote file transfer (RFT) between
the different homogeneous RDA-subnets cannot satisfy the user, who
has nevertheless to get familiar with two or more incompatible data
management systems, residing under two or more operating systems.

3. Emulation to a Central Data Management System

Another approach of implementing a Remote Data Access system would be
the emulation to one dedicated centralized data managementsystem (DMS)
from several hosts. The location of the selected DMS depends on the
topology of the network, transport costs, and the predictions on user
requirements. Under the assumption of the availability of sufficient
processing capacity, and a powerful DMS under the operating system of
the central store-and-forward node computer of a star-shaped network,
this machine could be the host for the dedicated DMS.

Such a concept doesn't lead to a balanced system like in the homogeneous
subnet case. It represents a master-slave system, wherein several independent masters communicate with one slave. The protocol layer between
RFA and AFR system can be defined in the same manner as supposed for
the homogeneous subnet. An overview of the structure gives the following figure:

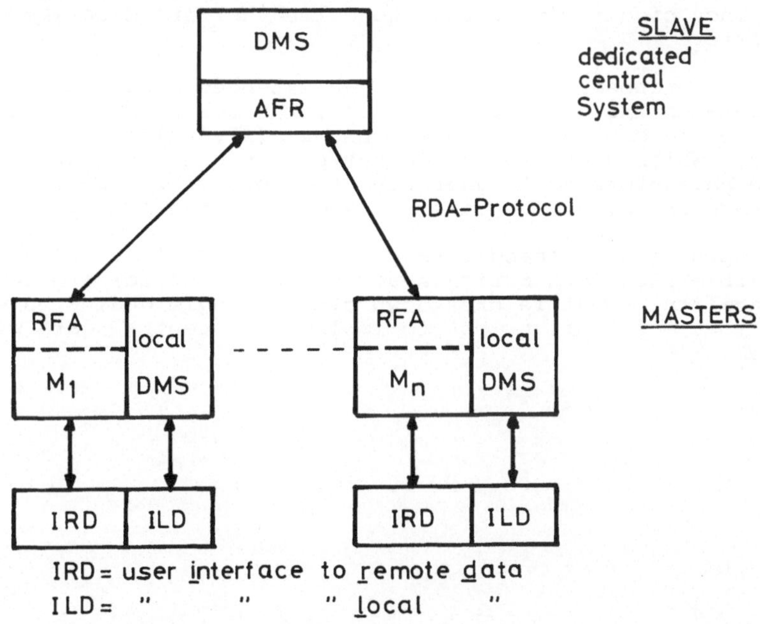

For the user of one operating system this solution offers two different
DMS's, his local and the central one with a uniform syntax and semantics
for all users of the network. The emulation software can be the same for
all connected masters, provided that a common language is used.

It is a well known problem, that in most standard DMS's a description
of data types is given implicitly only in the user's program. The
interpretation of physical data units depends on types of variables
(e. g. real or integer), declared in the program. Additionally there
is another important aspect concerning data representation in a central
data base, accessable from different master systems: the same names of
variables or data types, declared even in the same, portable programs,
do not necessarily lead to the same interpretation in different hosts
due to different simple data structures (e. g. Real-PDP 11, Real-
S 7.700, etc.).

Three solutions providing different degrees of sophistication might be imaginable in order to try to avoid confusion resulting from access to central data files owned by different hosts:

-   the data access is only possible on files generated by identical master hosts; information about simple physical data structures is hidden semantically in the used catalogue name or in different, unshareable user identifications.

-   the data access is possible on files created by all master hosts; information about simple physical data structures can be hidden in the file-name. Several data conversion programs extend the utilities of the central DMS, which are renaming the files and converting simple structures up to user's requirements.

-   generally all requests to the central data storage have to be in a standardized physical data representation. Disadvantages by loss of efficiency (processing time for conversion routines), and accurancy of data (different word lengths) are described in detail later.

The last proposal would lead to an extended implementation. Differences between the standard DMS user interface of the slave system and the implemented one on the masters necessarily arise by additional parameters, which characterize data-types and representations. Nevertheless those parameters don't guarantee the correct interpretation of physical data units, if they are not stored in the files.

The unpredictable speed of a centralized RDA in a real-time application (possible slow-down during heavy network traffic) and low degree of reliability (possible breakdown of the single dedicated system) can lead to the intention, not to implement a central data management system.

4. Emulation to All Data Management Systems in the Network

As an extension to the above proposed solutions, an emulation to all
existing data management systems from all hosts does not lead to one
dedicated slave system and includes the advantages of a homogeneous
RDA-subnet. Let us consider a network wherein n different data management systems are operating. Since each host can be master for one
application and/or slave for another one, n**2 different RDA protocols
- n*(n-1) different DMS-emulations and n homogeneous subnets - must
be implemented.

The user of this general RDA-system must be familiar with all the
particular data management system emulations and the extension of
his own DMS in the network. With every different computer type connected to the network, the user interface to the netwide RDA will be lar-
ger and more difficult to handle. The simplest problem is to get to
know all different conventions of filenaming with their various standards and parameters, extended by the addition of the relevant host-
identification. The questions of administration of files, optimal
locations, multiple copies of files, consistency of data and catalogues may remain partionally unsolved. Problems of data representations are the same as mentioned in the previous paragraph. On the
other hand all facilities, functions, and possible resources of the
different data management systems can be offered to the user by all
these sets of emulation routines.

The implementation of a totally mixed network for the RDA application
system can be done step by step. It implies finally a large amount of
coding in each computer and will be difficult also to adjust optimal
the whole system to a given network transport-protocol. Physical environments of the different DMS's are mostly so incompatible, that
different protocol layers between the single RFA and AFR systems need
to be defined.

Probably this approach is generally useful in heterogeneous computer
networks with large clusters of compatible or similar data management
systems. Comparison of the advantages of accessibility to several
powerful data management systems with the expenses of coding size and
possible vastness of the user interface will mostly lead only to a
partial realization in a given network.

5. Basic Concept of a Netwide Data Management System

The above approaches for an implementation of a remote data access in
a heterogeneous computer network will mostly lead to an incomplete
solution due to incompabilities of different data management systems.

The definition and implementation of a netwide data management system
as a common RDA-system with well defined data structures would be a
better proposal. Based on a general description of the data structures,
a common interface with uniform parameters for all users in the network can be defined. A common naming convention for these structures
must then be defined in such a way, that accesses will lead to hierarchical directory references and can indicate the physical data location, if necessary.

This new data management system can lead to a new view of the network
as a large multi-processing system with parallel access and operations
on data. The consequences with respect to accounting, access rights,
data privacy and security are subjects of further examination.

As far as possible it will be attempted to exploit the primitive data
access and cataloque operations of each locally existing DMS. All operations further needed will be done in the RFA or AFR system. An overview of the software in each host with both the local standard and the
netwide DMS is shown in the following diagram:

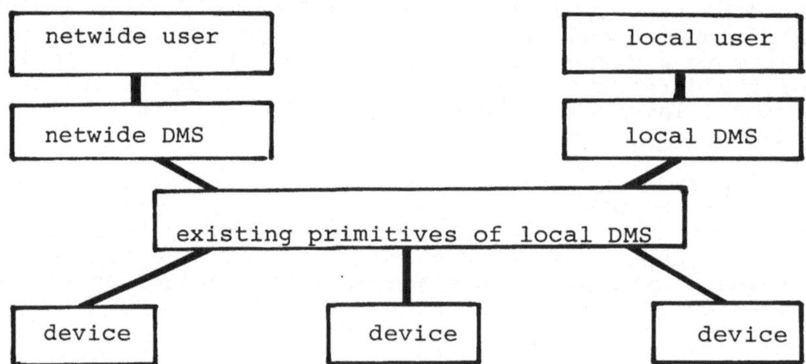

Without any change to the local DMS it is impossible to synchronize
parallel accesses of the local and the netwide DMS. So consistency of
data cannot be guaranteed due to local access.

The basic data structure for the needed RDA protocol is a standard record with shared read and exclusive write operations. The concept of
netwide record should not be confused with the physical and logical
manner in which data is stored and handled in the different existing
DMS's. The following notation defines such a record:

```
<record>            ::= <descriptpart><datapart>
                        <descriptpart><datapart><record>

<datapart>          ::=  BIT/BIT<datapart>

<descriptpart>  ::= <repetition><paren><description><thesis>/
                        <repetition><description>
```

```
<description>    ::= <type>/
                    <paren><type><komma><repetition><type><thesis>/
                    <paren><repetition><type><komma><description>
                        <thesis>
```

with the following terminal symbols:

```
<paren>             ::= (

<thesis>            ::= )

<komma>             ::= ,

<repetition>        ::= 1/2/3/4/...

<type>              ::= INTEGER/LONGINTEGER/REAL/LONGREAL/CHARACTER/
                        LOGICAL/BINARY/...
```

The actual length of <datapart> follows from the number of data of
different types and their different lengths in BITs. Furtheron an
additional limitation for the length of <datapart> and <descriptionpart>
has to be defined according to a maximum record length. The terminal
symbols of <type> are self-explanating and require a standard physical
data representation of each corresponding data type. The data type
which corresponds to the symbol BINARY means a transparent access,
whatever it's actual data type is and demand a fixed number of bits
per unit.

To define such standard data representations the following strategies
for each given data type are possible:

-   the data representation with the lowest precision and range or
    variety, used by any of the connected hosts will be net standard
    for the purpose of reducing line overhead. The precision of ex-
    changed data will be declined in some cases.

-   the data representation with the highest precision and range or
    variety, used by any of the connected hosts will be net standard.
    Data exchange between less powerful computers result in line over-
    head. Further this solution might be insufficient with respect to
    network expansions.

-   a new data representation is defined which covers the precision
    and range or variety of all representations used in the network
    (necessary for instance if two existing 32-bit real representa-
    tions have different intervalls for the exponent and mantissa
    value).

In a network with m different types of computers 2*m conversion routines
for each incompatible data type are needed for conversion into the standard and back to the host's representation. Conversion is needed even in
case of communication between identical hosts.

An extended and more flexible solution is to permit all data representations of each host type in the network. It gives in any case an ex-
pandable and definite description for data representation:

```
<type>              ::= <integer>/<longinteger>/<real>/<longreal>/
                        <character>/<logical>/<binary>/...
```

```
<integer>            ::= PDP11INTEGER/S7700INTEGER/CD6000INTEGER/...

<longinteger>         ::= PDP11LONGINTEGER/S7700LONGINTEGER/...

<real>               ::= PDP11REAL/S7700REAL/CD6000REAL/...

<longreal>           ::= PDP11LONGREAL/S7700LONGREAL/...

<character>          ::= ASCII-7BIT/ASCII-8BIT/EBCDIC/...

<logical>            ::= TRUE/FALSE

<binary>             ::= BINARY

...
```

Since several data representations of different computers are the same
(e. g. IBM360/S4004/S7700), the number of necessary conversion routines
will be less than m(m-1).

Only the bit patterns for these above mentioned terminal symbols and
for <paren>, <thesis>, <komma> have to be defined unique for all machines. That will be easy if there is any uniform standard data unit
(e. g. byte). Otherwise each record must be headed by a fixed length
bit pattern to define the valid data unit. The representable range of
<repetition>has to be limited anyhow. Fixed length or more flexible solu-
tions based on the valid data unit are possible.

Independent of the structure of the physical stored records, the records have to be translated into the above defined RDA-records or vice
versa.

In this environment a sequential series of RDA-records are called a
file and a new datastructure similar to the record level is to be defined. More complex structured files (index-sequential or random
accessable files etc.) and problems like access rights, passwords,
accounting, mode of sharability are in detail points of further studies.

In the basic concept of the netwide DMS there are operations on the
file level (e. g. OPEN, CLOSE) which are necessary for the definition
of data pathes (user to record), which ensure a simple synchronization
between these data pathes. All operations, which include a physical
transportation of files, corresponding to read and write at record
level, have the function of a Remote File Transfer.

The next level within these hierarchical data structures is a serie
of files called a directory with similar operations like on files.

In the first phase of implementation a netwide RDA-system could easily
offer the following facilities for the user, which are known partially
as standards from different existing systems:

-    record oriented sequential access on files

-    facility of random access

-    uniform operations on record or file oriented devices

-   synchronization of simple access methods (e. g. "shared read",
    "exclusive write")

-   error recovery after interruption or breakdown of data exchange

-   automatic or user-specified data conversion on physical data
    level.

The use of such a netwide common DMS may be incompatible with the
access to existing files and data created by the machine dependent
DMS's. Therefore for privat or local networks it seems to be more
appropriate to implement a netwide DMS-interface. This is especially
due to the fact, that a surveyable small user group will agree more
easily netwide uniform data access, which is incompatible with the
used standard.

6. Conclusions

The four approaches presented in this paper have at best a smallest
common denominator. A compromise between them seems to be impossible.
Dependent on user requirements, network goals, and topology one of the
above approaches has to be chosen. An implementation of more than one
requires different parallel higher level protocols in the network.

In the Hahn-Meitner-Institut the last two approaches are under design
and two different protocols are evaluated. The decision, which of them
will be implemented will be made after further discussions.

7. References

Butscher, B., Heinze, W.
File Transfer in the HMI Computer Network
Third European Network User's Workshop,
IIASA April 1977

Crocker, S. D. et al
Function Oriented Protocols for the ARPA Network
AFIPS SJCC 1972

Langsford, A.
File Transfer and File Access Protocols
A.E.R.A. Harwell, unpublished

Haibt, L. V., Mullery, A. P.
Data Descriptive Language for Shared Data
IBM Research Report 3476, August 1971

Chupin, J. C., Seguin, J., Sergen, G.
Distributed Applications on Heterogeneous Network
Workshop on Data Communication,
IIASA Sept. 1975

Chupin, J. C.
Control Concepts of a Logical Network Machine
for Data Base,
IFIP Congress, August 1974

Holler, E., Drobnik, O.
Rechnernetze
Reihe "Informatik" 17, BI Wissenschaftsverlag 1975

ON DIFFERENT CLASSES OF PREDICATES FOR DISTRIBUTING DATA

Heinz F. Schweppe
Technische Universität Berlin
Fachbereich Informatik

<u>Abstract</u>

In this paper some aspects concerning data distribution by predicates
in distributed database systems are discussed. A normal form for
distribution predicates is defined and four types of distributions
having different practical effects are introduced. Furthermore, some
remarks on the units of distribution are included.

1. Introduction

In a distributed database there are several ways of assigning
data to the different local computers. The most simple form is to
have files as the units of distribution and to avoid data redundancy.
This means that all records of the same file are located at one and
only one site. Although finding a record's location is trivial and
inconsistencies caused by not updating each of a record's copies do
not arise, this form of distributing data among different local databases (DB) is inappropriate in many practical situations.

Imagine an enterprise with several geographically distant branches.
If exactly one of the local computers holds the file of clients, client
records can only be processed on this location without communicating
with others. This results in a prohibitively large amount of data
transfers. If for each branch there is a subset of records which is
accessed most frequently while access to other records has a low
probability, this amount of transfers can be minimized. Providing
copies of files at each branch decreases the comunication costs, but
the redundancy is enormous. In the above example, there are as many
copies of the client file as branches of the enterprise, although only
a small portion is used with a high frequency at each location.

Another alternative is, to define for each location a separate
file consisting of all those records needed frequently at each branch;
e.g. CLIENT-A,...CLIENT-N, if there are N different branches that
require the CLIENT-file in the above example. This, however, conflicts

with an important objective in distributed database design: the user should not need to be aware of the distribution of data. Rather, from the user's point of view the distributed DB should behave like a centralized one.

To fulfill this requirement, we adopt the following distribution strategy: For each record type, subsets are intensionally defined by <u>predicates</u>. A subset can be assigned to one or more locations. If a new record enters the system, it is stored at those locations for which the corresponding predicates for this record hold. Obviously this is the most general approach: The above methods of distributing data are specializations of the latter one; this is true if it is possible to name logical subsets and to use these names in data manipulation statements.

There are also other completely different distribution strategies, e.g. statistical distribution. For an overview of possible system architectures see /MU/. These will not be dealt with in this paper.

Predicates have already been successfully applied to other problems of data managing, e.g. to lock subsets in order to avoid update inconsistencies /ES/ or to formulate semantically meaning-ful restrictions of the data base states in order to guarantee DB integrity /HA/.

Allowing arbitrary predicates for data distribution may however have severe impact on the system's efficiency. In this paper we analyse different types of distributions by means of predicates. Algorithms to select the subsets relevant for processing a query, are described in /ST/ and /WO/.

2. Statement of the problem

Without loss of generality, we use the relational model as the logical model of data in the following considerations.

Let R be a relation, x a tuple variable and $L: = \{ L_1, \ldots L_k \}$ locations where parts of the relations are stored according to a distribution. A distribution is defined for each relation by a set of predicates:

$$DISP = \{ P_j: j = 1, 2, \ldots, m \}$$

and an assignment function

$$f: DISP \longrightarrow PO (L)$$

where PO designates the powerset.

In order to be able to store copies of a subset at different locations, the powerset of L has been chosen as the range for f. Notice that overlapping subsets are not excluded, i.e. there may be a tuple $r \in R$ satisfying $P_j(x) \wedge P_1(x)$ where $f(P_j) \neq f(P_1)$.
Thus, copies of single tuples are allowed in the system and not only copies of entire subsets.

We assume that for each R and for all time instances DISP defines a covering, i.e.:

$$\bigcup_{j=1}^{m} \left\{ x : P_j(x) = \text{TRUE} \right\} = R$$

This is no restriction because, for any set of user defined distributing predicates for R, there is a complementary predicate such that the covering condition holds. In general, this predicate must not be explicitly stated by the user, such explicit statements may be difficult - but can be determined algorithmically.

One problem, central for distributed databases, can be stated as follows:

<u>Given a data manipulation instruction, find the minimal set of locations sufficient to process it.</u>

The minimality condition is dependent upon the type of data manipulation statement. The most simple case is the insertion of a tuple r; for each predicate P_j we can test, if it holds for r. The set of locations, where r has to be inserted, is:

$$I(r) := \bigcup f(P_j) \text{ where } P_j(r) = \text{TRUE}$$

Now let S be a retrieval statement, where the set of tuples (or projections of tuples) is defined by the qualification predicate Q.
The minimal set of locations needed to process S is:

$$S_R(Q) := \left\{ \text{SEL}(f(Pj)) : P_j \in \bar{P}(Q) \right\} \text{ where}$$

SEL is a selection function selecting exactly one element of a set and

$$\bar{P}(Q) := \left\{ P_j : \bigcup_j \left\{ x : P_j(x) = \text{TRUE} \right\} \supseteq \left\{ x : Q(x) = \text{TRUE} \right\} \right\}$$

and for all sets $\bar{P}'(Q)$ satisfying the inclusion condition, card $(\bar{P}') \geqslant$ card $(\bar{P})$ holds and $S_R(Q)$ has the least possible number of elements.

Notice, that $\bar{P}(Q)$ and $S_R(Q)$ are not unique. This is due to copies of subsets or single tuples being possible. When talking about $S_R(Q)$, we can always fix one of the alternatives.

The update case differs from retrieval in so far as all copies of the records to be changed have to be considered (unless a different update strategy is applied; see 5.3). Thus, the set of locations relevant for an update statement with qualification Q, is:

$$U_R(Q) := \left\{ L_i : L_i \in f(P_j) \wedge \left\{ x : P_j(x) = \text{TRUE} \right\} \cap \left\{ x : Q(x) = \text{TRUE} \right\} \neq \emptyset \right\}$$

The location sets $S_R(Q)$, $I_R(r)$ and $U_R(Q)$ have to be determined on the basis of the predicate definitions and the qualification without knowledge of the actual data in the relation being considered. That is, the tests for inclusion and disjunctiveness have to be performed intensionally without consideration of the actual database state. As a consequence, there is no guarantee of finding a tuple satisfying Q in the subset defined by P_j even if $f(P_j) \cap S_R(Q) \neq \emptyset$.
But the existence of an element from $f(P_j)$ in $S_R(Q)$ implies that there is a DB state in which the sets $\{x:P_j(x) = \text{TRUE}\}$ and $\{x:Q(x) = \text{TRUE}\}$ have extensionally a nonempty intersection. The set of locations relevant for deletions is the same as for updates. We therefore do not explicitly consider deletions in the following discussion.

If updates or insertions have been performed at all locations indicated by U_R and I_R respectively, the database will be in a consistent state. (We assume that synchronization of transactions has been achieved by appropriate mechanisms /CCA/, /HO/. Synchronization problems will not be treated in this paper.)

If, however, changes of data will be applied only on a specific copy of a tuple, inconsistencies arise and utilities have to be provided in order to reestablish consistency after a certain period of time. Different update strategies will be briefly discussed in 5.3.

3. A Normal Form for Distribution Predicates

In the most general case, predicative expressions contain tuple variables for different relations, join terms, boolean operators and quantifiers as it is, for example, in the qualification part of some DB sublanguages, e.g. "alpha" /CO/.

Unfortunately, quantifiers tend to be very expensive in processing. That is why many data manipulation languages don't allow for quantification, although the selective power of the language is thereby decreased. The situation in data distribution by predicates is even more critical. This is due to possible sideeffects of updates in a relation on the distribution of a different one. Furthermore it is in general impossible to check for a specific tuple whether a quantified distribution predicate holds without inspection of the data.

It is therefore obvious that the general form of predicative expressions is unreasonable for distribution purposes.

Because distribution predicates must in any case have exactly one free variable, avoiding quantifiers implies two forms of join terms:

(i)   x.d. op const.   or   (ii) $x.d_1$ op $x.d_2$

where x is the free variable, "op" a relational operator and d, d_1, d_2 domains of the relation. Case (ii) is however only of theoretical interest and will hardly ever occur in practical situations. We will therefore restrict ourselves to predicative expressions having only relational terms as in (i), which may be combined by boolean operators "$\wedge$", "$\vee$" and "$\neg$".

In order to make the language for defining distribution predicates more convenient for the user, we provide for each relational operator its negation (e.g.$\geq$ and$<$) and thus avoid explicit use of the negation operator. Furthermore disjunctions of relational expressions with the same domain are contracted to set expressions, if possible e.g. $x.d=a \vee \ldots \vee x.d=z$ becomes $x.d \in \{a, \ldots, z\}$. Eliminating all other disjunctions, we get a simple and easy to handle <u>normal form for distribution predicates</u>:

$$P_R(x) = \bigwedge_{i=1}^{n} [x.d_i \ op_i \ v_i]$$

where d_i is a domain of the relation R and v_i is a constant or a set of constants depending on the operator "op_i". The conjunctive terms are called elementary predicates (EP). Although it appears that the above form is less expressive than the general form with boolean operators $\wedge, \vee, \neg$, it can be shown, that for any predicate in the general form there is a set of predicates inducing the same distribution of data.

First of all - as it is well known - each general boolean expression can be equivalently transformed into the disjunctive normal form. The negation sign can now be eliminated in the way described above. As a next step, each conjunction is made a predicate of its own.

$$P \equiv C_1(x) \vee C_2(x) \vee \ldots \vee C_n(x) \text{ becomes}$$
$$P_1 \equiv C_1(x), \ldots, P_n(x) \equiv C_n(x)$$

If we define $f(P_i) := f(P)$ for $i=1, \ldots, n$, then the resulting distribution is the same as for P.

4. Units of Distribution

Until now we have assumed tuples to be the units of distribution. A more general approach would be to allow also for distributing of projections. By defining an appropriate predicate, any rectangular subset of a relation could then be physically stored at the different locations /CCA/.

Providing smaller distribution units than tuples has several advantages. Often in practical situations, only certain components of a tuple are required to fulfill a specific task. Then considerable space might be saved by storing only the columns of tuples needed at that location. As a consequence, fewer communication processes may be required. If the components needed by user A and B are different, the relevant components can be stored at A's and B's location. Retrieval and update operations can now be performed locally, assuming nonredundant storing of the data. Furthermore, a higher degree of data privacy is obtained by this kind of distribution. But distributing projections of relations may have serious consequences. Let $R = (d_1, \ldots, d_n)$ be a relation, R_1, R_2, R_3 and R_4 projections of R and P_1, P_2, P_3 predicates. The projections R_1 and R_2 of the subset defined by P_1 are stored at L_1 and L_2, respectively, R_3, R_4 of P_2 at L_2 and L_3. The situation is illustrated in figure 1.

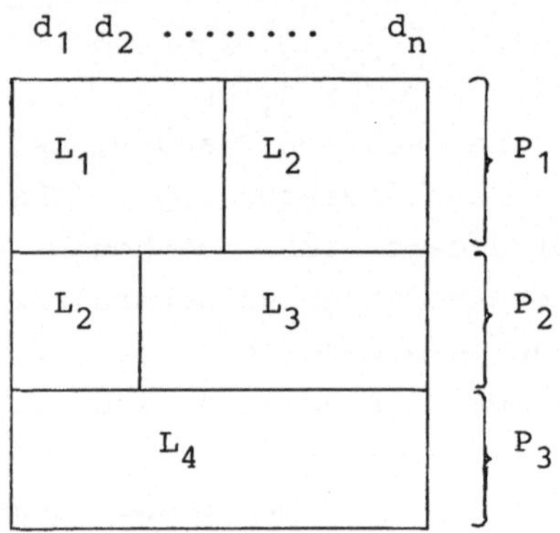

fig. 1

Now, if there is a request for tuples from a projection not contained in either R_1 or R_2, a join of R_1 and R_2 has to be performed. Thus key domains have to be part of any projected subset. Even if the data asked for are completely stored at L_1 or L_2, a join has to be made, if the qualification part of the query contains conditions for domains in both projections.

In case of updates, the situation may even be worse. If data migration happens due to changes of data, first a join must be made and then the tuple is split again. The join is essential, for otherwise the new location of the tuple cannot be determined. E.g., to move a tuple from the P_1-subset to the P_2-subset, requires three data transfers and a join operation while without projections, a single tuple has to be moved from one location to the other. In case of

overlapping subsets, it is often useful to look first for one copy of
the data item to be updated - e.g. at the local computer. Then a check
can be made to determine which additional predicates hold for the item.
When projections are distributed, this check can generally be made
only if a join has been performed. Obviously the overhead will be the
greater the more projections are made for subsets of a relation.

Concerning the implementation, another disadvantage of distributing
tuples is, that partial tuples of a relation but with different domains
may be stored at one location (e.g. R_2 and R_3 in the above example).

The question which distribution units are best, can be sufficient-
ly answered only on the basis of a knowledge of the actual data. The
decision is, however, orthogonal to the decision on distribution predicates and thus can be made independently. An interesting alternative
to distributing projections would be to employ the concept of data
aggregation/SM/. Units of distribution are discussed in more detail
in /SC/.

5. Different types of Data Distribution by Predicates in Normal Form

5.1 Formal characterization of predicative distributions

We are now going to classify various forms of predicative data distribution and to discuss the effects on processing a query. Let us first
introduce some notational conventions. If P_1, P_2 are predicates a
relation $\emptyset$ is defined as follows: $\emptyset(P_1, P_2)$: iff for all possible
DB states the tuple sets defined by P_1 and P_2 have no element in
common. $\emptyset$ is also defined for the qualification part of a query, if
no join term with other relations is involved.

$P_1 \cap P_2$ will frequently be written instead of $\{x : P_1(x)\} \cap \{x : P_2(x)\}$
and similarly for all other relations and operations on sets.

In addition to the normal form of predicates, we assume that all
elementary terms of a predicate which have the same domain name, are
tied together; this applies also for comparison operators e.g.
...SALARY $\leq$ 3000 $\wedge$ SALARY $>$ 2000 ... becomes ... 2000 $<$ SALARY$\leq$3000 ...
(Generally, some form of interval representation has to be chosen).
This is not provided for in the syntax of normal form predicates, but
simplifies the formal characterization of different distributions
discussed below.

Let R be a relation and DISP a set of distribution predicates
covering R. This does not necessarily mean that all predicates must
be explicitly stated by the user (i.e. the database administrator).

The system can check as to whether the covering condition is fulfilled
and complete DISP by introducing additional predicates if not. We
define four different types of distributions:

A.   DISP induces a partition of R, i.e.

$$\bigvee_{\substack{P_i,P_j \in \text{DISP} \\ i \neq j}} \emptyset\ (P_i,P_j)$$

B.   DISP is a partition of R and additionally the following
       condition holds: There is a domain d of R and P_i contains
       an elementary predicate EP_i^d defined over d and for each
       two P_i, P_j DISP either $\emptyset(EP_i^d, EP_j^d)$ or $EP_i^d = EP_j^d$ holds.

C.   There is a subset DISP of DISP which covers R and is a
       partition (A of B may hold for DISP^*).

D.   DISP is arbitrary.

   Notice, that in cases C and D, data redundancy due to overlaps
is introduced. C constitutes a generalization of copies of subsets,
which may be obtained by an appropriate definition of the location
assignment function f.

   Before discussing these types further, we give some examples.
Consider the relation:
PERSON = (P# , NAme, STAtus, SALary, AGE, LOCation, DEPartment...)
A distribution satisfying A but not B is:

(i) $P_1 \equiv$ STA=Manager $\wedge$ AGE $\leqslant$ 60
     $P_2 =$ STA$\neq$Manager $\wedge$ SAL $>$ 5000
     $P_3 \equiv$ SAL $\leqslant$ 5000 $\wedge$ AGE $>$ 60
     $P_4 \equiv$ STA=Manager $\wedge$ SAL $>$ 5000 $\wedge$ AGE $>$ 60
     $P_5 \equiv$ STA$\neq$Manager $\wedge$ SAL $\leqslant$ 5000 $\wedge$ AGE $\leqslant$ 60

There is no domain with the properties required for B; nevertheless
$\{ P_1,....,P_5 \}$ constitutes a partition of R, because in any DB state,
exactly one predicate holds for an arbitrary tuple.

   Now regard the distribution:

(ii) $P_1' \equiv$ LOC=X $\wedge$ SAL $>$ 3000 $P_4' \equiv$ LOC=X $\wedge$ SAL $\leqslant$ 3000
     $P_2' \equiv$ LOC=Y $\wedge$ DEP=I $P_5' \equiv$ LOC=Y $\wedge$ DEP=II
     $P_3 \equiv$ LOC=Z

which covers R under the assumption that there are three locations
and two departments at location Y. Obviously the distribution is
primarily determined by the domain LOC. Such a domain which satisfies
the conditions of B, will be called primary distribution domain (PDD).

Suppose, this last set of distribution predicates has been ex-
tended by (iii) $P_6' \equiv$ STA=Manager. P_6' overlaps with all other predicates.
But because $\{P_1', \ldots, P_5'\}$ constitutes a partition, case C holds.

As an example for D we take:

(iv) $P_1'' \equiv$ STA=Manager

$\quad P_2'' \equiv$ SAL$>$4000$\wedge$STA$\neq$Manager

$\quad P_3'' \equiv$ SAL$\leqslant$4000

DISP$'' = \{P_1'', P_2'', P_3''\}$ covers R without being a partition and
no subset of DISP is a covering.

In figure 2 the situation is illustrated by Venn-diagrams
(A. and B. are not distinguishable)

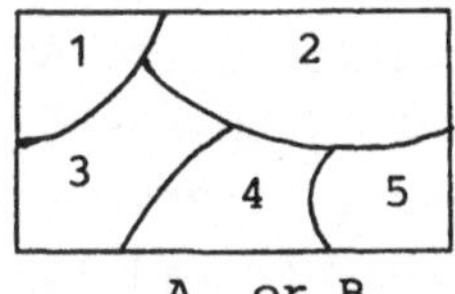

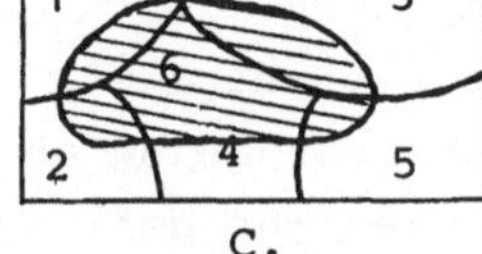

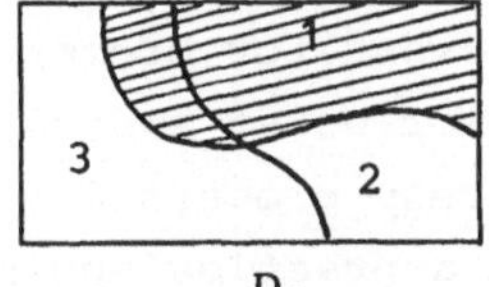

A. or B.   C.   D.

fig. 2

Given a set DISP of distribution predicates covering R, we want to
know, which of the four different cases holds. At first, a property
of elementary predicates is stated:

Let EP_1, EP_2 be predicates with different domains, then $\neg\emptyset(EP_1, EP_2)$
holds. (1)

This is because the values of different domains are independent of
each other (We don't consider relation consistency contraints /HA/ in
this paper).

If DISP $= \left\{ P_i(x) \equiv \bigwedge_{j=1,\ldots,k(i)} EP_{i_j}, \quad i=1,2,\ldots,m \right\}$ is a set of distribution predicates, then the following assertion holds:

$$\bigvee_{i,l \in \{1,\ldots,m\}} \exists_{s,t} (\emptyset(EP_{i_s}, EP_{l_t})) \iff \bigvee_{i,j} \emptyset(P_i, P_j) \qquad (2)$$

This means, <u>a distribution is of type A if and only if, in each of</u>
<u>two predicates P_i, P_l, there are elementary conjunctive terms EP_{i_s}</u>
<u>and EP_{l_t} which are disjoint.</u> Notice, that EP_{i_s} and EP_{l_t} must have
equal domain names because of (1).

The verification of (2) is straightforward: Suppose there are predicates P_i, P_1 and a DB state with $P_i \cap P_j = \{ r \}$, where r is a tuple of R. This implies, that r satisfies each EP of both predicates. But this contradicts the assumption that, for all DB states and all tuples, EP_{i_s} and EP_{1_t} cannot hold at the same time. The converse of the proof is obvious.

Distributions of type B can be easily determined by applying the definition. Concerning class C, there is a special case worthwhile noting: For all predicates P not used to cover R - i.e. $P \in DISP \setminus DISP^*$ - there is a predicate $P' \in DISP^*$ which includes P as a proper subset. The subset relation can be characterized in the following way:

Let P_i, P_j be defined as above. We suppose that the conjunctive terms are ordered in the same way in both predicates according to the domain names. Then it is easy to see that:

$$P_i \subset P_j \iff k(i) > k(j) \wedge \bigvee_{1 \leqslant k(j)} EP_{i_1} \subset EP_{j_1} \qquad (3)$$

The test for inclusion may be especially useful to determine the locations relevant for processing a query S with qualification Q. If S is a retrieval request and there is a predicate P with $Q \subset P$, then S can be completely processed at a location being an element of f(P). Although from a practical point of view the defined classes of predicates have different advantages and disadvantages - this will be discussed below -, it can be proved that they are theoretically equivalent; that is

<u>For any distribution DISP there is an equivalent</u>
<u>class-B-distribution DISP</u> $_B$.

Equivalency in this case means that all nonredundantly stored data are distributed by $DISP_B$ in the same way as by DISP and the intersection of, say P_i and P_j are stored at either the location of P_i or P_j.

To prove (4), we utilize the fact that for any boolean expression of EP's, there is an equivalent set of distribution predicates in normal form. If P_i, P_j are overlapping predicates of DISP, then they are replaced by $P_i \wedge \neg P_j$, $P_j \wedge \neg P_i$ and $P_i \wedge P_j$ in normal form. This can be easily generalized to any finite number of overlapping predicates. The result is a class-A-distribution $DISP_A$. For any domain d, a distribution $DISP_d = \{ P_1^d , P_2^d \}$ of type B can be defined, e.g. $DISP_s = \{ SAL > 2000, SAL \leqslant 2000 \}$. It is well known that for two partitions of a set, there exists a common refinement. The partition of R,

being a refinement of $DISP_A$ and $DISP_d$, is now a distribution satisfying the conditions of class B. This is obvious if d does not occur
as part of an EP in any $P \in DISP_A$, and if d has been already used
in some $P \in DISP_A$, can be readily deduced. The idea is to split each
predicate in such a way that overlapping of elementary terms defined
on d no longer occurs.

5.2 The covering property

Until now, we supposed that a given set of distribution predicates covers the relation considered. Unfortunately, the covering
property is by no means obvious in most cases. It can be checked by
inspection only in very simple situations, e.g. if there is a PDD and
only a few additional domains are involved in the distribution.

Thus the covering requirement - and also the requirement of nonoverlapping subset definitions - are very restrictive for the user.
The distribution should - from the user's point of view - be definable
on the basis of the organizational structure of the enterprise only,
which determines where data are most frequently used. Internally this
distribution may be extended to get a covering or changed, as indicated above, if redundancy is to be excluded.

5.3 Comparison of different distributions

Although nonredundant data distribution seems to have considerable
advantages because update inconsistencies cannot arise (assuming
appropriate locking), there are practical situations where overlapping
distribution predicates are preferable. This kind of data redundancy
does not necessarily decrease the systems efficiency a great deal. To
be more specific, we consider the example $DISP' = \left\{ P'_1,\ldots,P'_6 \right\}$ from
above (see 5.1). The redundancy introduced by P'_6 ($\equiv$ STA=manager)
simplifies the processing of queries concerning managers greatly because only one location is involved. There is however the alternative
of getting the answer from subsets defined by $\left\{ P'_1,\ldots,P'_5 \right\}$, although
the communication costs would be much higher. A consequence of redundancy is, in general, that retrieval statements can be processed at
alternative locations. This results in additional costs for selecting
the optimal location set. Compared to the communication overhead in
the nonredundant case, however, they are negligible, as it is in the
above example.

Comparing the two different classes of nonoverlapping distributions
(A and B), it is obvious that the requirement of a primary distribution

domain has advantages for retrieval only in a special situation: If the PDD occurs in the qualification part Q_s of a query, the relevant predicates can be preselected according to the elementary predicate for that domain in Q_s. Otherwise nothing is gained.

Contrary to retrieval operations, insertions and updates cause an increase of communication costs if inconsistencies of redundant data are to be avoided. Although the costs for inserting a tuple r are linearly dependent on $I_R(r)$, the set of locations where r is to be stored, this is not true for updates (or deletions). Additionally costs in case of insertions arise from the check on uniqueness of the key, which has to be made - regardless of overlaps - at each location of L(R), that is those locations which store some part of R. (Except in the case when the key is a PDD, see below).

For updates it is in general impossible to find exactly those locations where the tupels to be changed are located merely by inspecting the distribution predicates. We shall only consider the case when exactly one tuple is updated, because it is the most relevant one in practice. This means that the qualifications in update statements are just a key k_r. The situation with general qualifications in update instructions is, however, similar.

Regardless of overlapping distribution predicates, $U_R(k_r)$, the set of locations where r may be located is generally L (R). Only if the key domains are used to distribute R, is U_R a proper subset of L(R).

The key is however often insufficient to induce a suitable distribution. It is, for example, hardly useful to distribute the relation PERSON, mentioned above, according to P# , if LOCation is the appropriate distribution criterium with respect to the organizational structure of the firm.

From what was said above, it is clear that there is no considerable advantage in knowing that only one copy of r exists in the database.

To decrease update costs, it makes sense to try first a local update. If it succeeds, no further action has to be taken in case of non-redundancy. When copies of the tuple may exist, the locations can then be determined exactly as in the case of insertions because all values of r are now known. But if the local search fails, the tuple has to be looked for at all other locations in L(R). Keeping a global key index for each relation solves this problem, but each insertion or deletion of a tuple would have to be communicated to all locations. Thus it is an unrealistic solution unless the relation is essentially static.

Postponing updates of copies, i.e. accepting a temporary inconsistency, is not advantageous if $U_R(k_r) = L(R)$ because all locations have to be checked for the existence of the tuple with key k_r (unless the above mentioned "local first" strategy is applied and the local search is successful). Furthermore in case of overlapping subsets, update delays require an elaborate and thus expensive mechanism to reestablish consistency. Master copies of subsets also do not provide a satisfactory solution to the update problem, see e.g. /MU/.

6. Conclusion

Redundant data distribution has great advantages for retrieval operations but results in additional costs; these costs are linearly dependent upon the number of copies for insertion; however for updates and deletions the costs for determining the relevant locations are - except for special cases - not much higher than in case of nonredundant data storing. Distributing data primarily by key values decreases update costs drastically, but is usually insufficient, to take such important distribution criteria as e.g. local use of data into consideration.

The user should not be bothered with questions of covering or overlap. If the use of disjoint subsets are desirable due to the kind of data, an equivalent transformation of the set of distribution predicates can be performed by the system.

There is no definite answer to the question: Which class of distributions by predicates is best?

In the example mentioned in the introduction, it would e.g. be best, to define a subset of the CLIENT-file for each branch. The predicates in this case are of the form $P_A \equiv LOC = 'A'$, provided LOC is a domain of the CLIENT-record and A is one of its values, i.e. the location of a branch. Obviously, this is a distribution of type B. But if certain records are needed independently from the value of LOCation by a central department (e.g. for wholesale clients) another distribution might be preferable. An additional subset for these records overlapping with all others should be defined if they are frequently retrieved by the central department and updates occur rarely. This results in a distribution of type C.

Obviously, the distribution to be prefered depends strongly upon the
characteristics of data usage. Therefore it is reasonable for a distributed database system to employ the most general type of distributions.
Nevertheless, the user may then define, in a particular application,
a more restrictive distribution if it is advantageous.

<u>Acknowledgement</u>

This work is part of the research project "Distributed Databases"
at Technical University Berlin sponsored by the Federal Ministry
of Research and Technology, Germany.
The author wishes to thank Prof. Dr. H.-J. Schneider, Dr. R. Munz,
Dr. J. Bieber, B. Freier and F. Steyer for many discussions and
useful comments.

References

/CCA/   Computer Corporation of America:
           A Distributed Database Management System for Command
           and Control Applications - Semi-Annual Technical Report I,
           Cambridge, Mass., 1977

/CO/   Codd, E.F.:
           A Data Sublanguage founded on the Relational Calculus
           Proc. 1971 ACM-SIGFIDET Workshop on Data Description,
           Access and Control, San Diego, 1971

/ES/   Eswaran, K.P., Gray, J.N., Lorie, R.A., Traiger, I.L.:
           On the notions of consistency and predicate locks
           in a Data Base System
           IBM Research report RJ 1487, 1974

/HA/   Hammer, M.M., Mcleod, D.F.:
           Semantic integrity in a Relational Data Base System,
           Proceedings of the International Conference on Very
           Large Data Bases, 1975

/HO/   Holler, E., Drobnik, O.:
           Integrität, Ausfall und Wiederanlauf Redundanter Prozess-
           datenbasen in Verteilten PDV-Systemen
           GI-Fachtagung Prozessrechner 1977

/MU/   Munz, R.:
           System architectures for Managing Distributed Data Bases
           Technische Universität Berlin, Fachbereich Informatik
           Project "Distributed Databases", VDN-Report 1/77

/SC/   Schweppe, H.:
           Projektionen und Aggregate als Einheiten der Datenverteilung
           Technische Universität Berlin, Fachbereich Informatik
           Project "Distributed Databases", VDN-Report 7/77

/SM/   Smith, J.M., Smith, D.C.P.:
           Database Abstractions: Aggregation and Generalization
           Transactions on Database Systems, Vol.2 No.2, 1977

/ST/   Steyer, F.:
           Abarbeitung von Anfragen in Verteilten Datenbanksystemen
           Technische Universität Berlin, Fachbereich Informatik,
           Project "Distributed Databases", VDN-Report 3/77

/WO/   Wong, K.C., Edelberg, M.:
           Interval Hierarchies and Their Application to Predicate
           Files
           Transactions on Database Systems, Vol. 2, No. 3, 1977

ABARBEITUNG VON ANFRAGEN IN VERTEILTEN DATENBANKSYSTEMEN

Frank Steyer
Fachbereich Informatik
Technische Universität Berlin

Zusammenfassung:

Es wird ein Algorithmus vorgestellt, der Anfragen in einem Verteilten
Datenbanksystem auf eine Menge von lokal ausführbaren Teilanfragen reduziert und die zur Ausführung notwendigen Rechner ermittelt.

1. Einleitung

Unter einer verteilten Datenbank wird im folgenden ein Verbund
von (Klein-) Rechnern verstanden, von denen jeder einen Teil der Datenbank hält. Die einzelnen Teildatenbanken sind homogen, d.h. sie
unterliegen demselben Datenbankschema. Ein Benutzer kann von jedem
Rechner aus auf alle Daten zugreifen und braucht für die Datenmani-
pulation keine Kenntnis von ihrer - eventuell mehrfachen - Verteilung
auf die einzelnen Rechner zu haben. Diese Verteilung wird durch Prädi-
katdefinitionen festgelegt, die der Datenbankadministrator durchführt.
Andere Möglichkeiten werden bei Munz/3/ diskutiert.
Bei der Verteilung der Daten durch Prädikate müssen zwei zusammen-
hängende Probleme gelöst werden:

 - die interne Repräsentation der Verteilungsdefinitionen,
 - die Aufteilung von Anfragen anhand der Verteilungsdefinitionen
   auf die entsprechenden Rechner.

2. Darstellung der Verteilungsdefinitionen

Verteilungsdefinitionen (Subsetdefinitionen) kann man sich beispielsweise folgendermaßen vorstellen (siehe Munz et al./2/):

```
DEF SUBSET   PERSONSET1 OF PERSON
             WHERE NAME < I
             LOC ABT23
```

```
DEF SUBSET    PERSONSET2 OF PERSON
              WHERE NAME ≥ I AND NAME < Q
              LOC ABT24


DEF SUBSET    PERSONSET3 OF PERSON
              WHERE NAME < N
              LOC ABT25


DEF SUBSET    RICH_PERSON OF PERSON
              WHERE GEHALT ≥ 5000
              LOC ABT23
```

Zwischen den Buchstaben wird die übliche lexikalische Beziehung angenommen: $I < N < Q$. Die Subsetbezeichnung steht stellvertretend für eine Teilmenge von Datensätzen des angegebenen Typs, die eine bestimmte Qualifikation erfüllen. Diese Teilmenge wird an einer Stelle im Rechnerverbund abgelegt. Sie kann im Ausnahmefall die gesamte Satzmenge sein. Die qualifizierende Bedingung besteht aus konjunktiv verknüpften Elementarprädikaten der Form "Feldname Operator Wert".

Die Satzqualifikation (Verteilungsprädikat) wird intern durch Intervalle dargestellt (siehe Wong, Edelberg/5/). Die Intervalldarstellung basiert auf der Idee, daß jede Qualifikation durch eine Menge von Intervallen aus den Wertebereichen der angesprochenen Feldnamen dargestellt werden kann.

Ein Elementarprädikat "Feldname Operator Wert" wird je nach Operator in verschiedene Intervalle übersetzt (Abb.1):

Operator	Intervall
=	[Feldname, Wert, Wert]
≠	[Feldname, min(Feldname), V(Wert)] ∪ [Feldname, N(Wert), max(Feldname)]
<	[Feldname, min(Feldname), V(Wert)]

Abb.1: Übersetzung von Elementarprädikaten in Intervalle

Die Funktionen min und max liefern den absolut kleinsten bzw. größten Wert eines Wertebereiches, V und N definieren den Vorgänger

bzw. Nachfolger eines Wertes. Konjunktiv verknüpfte Intervalle mit
gleichen Feldnamen werden geschnitten, disjunktive Intervalle mit
gleichen Feldnamen werden vereinigt. Zu jedem in einer Verteilungs-
definition erwähnten Feldnamen existiert eine Menge derartiger Intervalle. Diese werden in der <u>Subsettabelle</u> (siehe Abb.2) festgehalten.

Subsetname	Satztypname	Feldname	Bereich	Platz
PERSONSET1	PERSON	NAME	$[\,min(NAME),\ V(I)\,]$	ABT 23
PERSONSET2	PERSON	NAME	$[\,I,V(Q)\,]$	ABT 24
PERSONSET3	PERSON	NAME	$[\,min(NAME),\ V(N)\,]$	ABT 25
RICH_PERSON	PERSON	GEHALT	$[\,5000,max(GEHALT)\,]$	ABT 23

<u>Abb.2:</u> Subsettabelle

   Jede Zeile der Subsettabelle entspricht einer Subsetdefinition.
Aus Gründen der Übersichtlichkeit ist in der graphischen Darstellung
in Abbildung 2 die Verteilung der Daten jeweils nur über ein einziges
Satzfeld definiert. Kompliziertere Klassen von Verteilungsprädikaten
sind möglich und werden bei Schweppe/4/ genauer diskutiert.
   Da in Anfragen Subsetnamen (im Sinne von Abkürzungen für Teilmengen eines Satztyps) verwendet werden können, kann die Subsettabelle
zur Lokalisierung des angesprochenen Subsets dienen. Die Subsettabelle
ist jedoch nicht sehr günstig zur Lokalisierung von Daten, wenn <u>kein</u>
Subsetname in der Anfrage auftritt.
   Um diesen Fall schnell abarbeiten zu können, wird eine weitere
Tabelle mit denselben Informationen angelegt, die jedoch nach Feldnamen organisiert ist und <u>Verteilungstabelle</u> heißt.

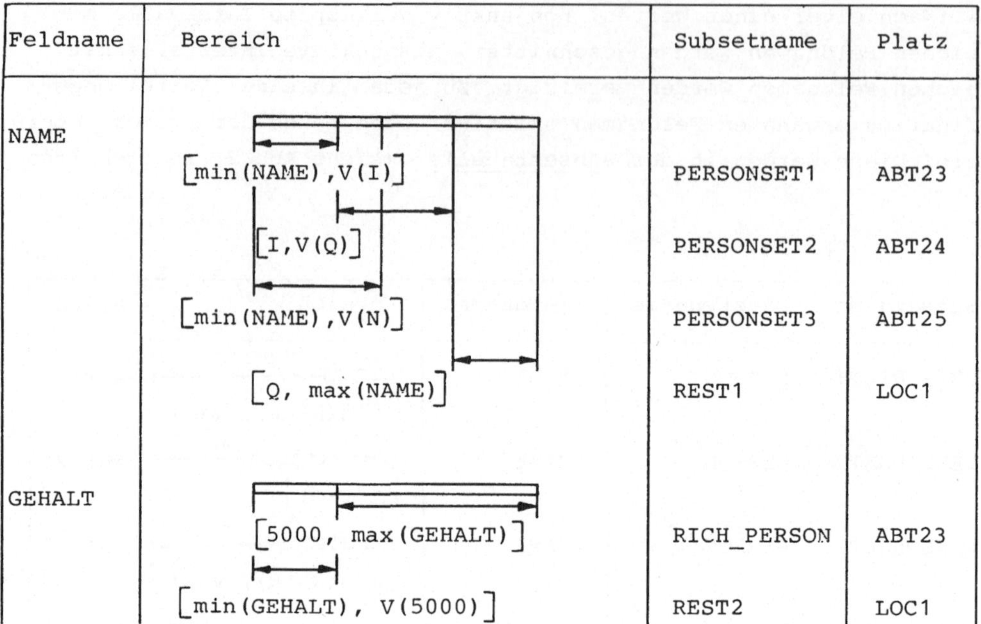

Feldname	Bereich	Subsetname	Platz
NAME	$\left[\text{min(NAME)},V(I)\right]$	PERSONSET1	ABT23
	$\left[I,V(Q)\right]$	PERSONSET2	ABT24
	$\left[\text{min(NAME)},V(N)\right]$	PERSONSET3	ABT25
	$\left[Q,\ \text{max(NAME)}\right]$	REST1	LOC1
GEHALT	$\left[5000,\ \text{max(GEHALT)}\right]$	RICH_PERSON	ABT23
	$\left[\text{min(GEHALT)},\ V(5000)\right]$	REST2	LOC1

Abb.3: Verteilungstabelle für den Satztyp PERSON

Jeder Zeile der Verteilungstabelle entspricht ein Feldname eines Satztyps. Für jeden Satztyp existiert eine derartige Verteilungstabelle.

Außer den explizit definierten und mit einem Subsetnamen belegten Teilmengen werden die Reststücke der nicht explizit verteilten Daten eingetragen. Ihr Aussehen verändert sich im allgemeinen mit jeder Änderung der Verteilungsdefinitionen.

Die Verteilungsdefinitionen von Subset- und Verteilungstabelle sind in jedem Rechner vorhanden.

3. Zerlegung in lokal ausführbare Teilanfragen

Bei der Abarbeitung einer Anfrage in einem verteilten Datenbanksystem sind im Unterschied zu einem zentralen Datenbanksystem folgende Aufgaben zusätzlich zu lösen:

- Zerlegung einer Anfrage in Teile, so daß jeder Teil von einem Rechner lokal ausgeführt werden kann,
- Ermittlung der zur Ausführung notwendigen Rechner,
- Ermittlung von alternativen Rechnermengen zur Beantwortung einer Anfrage.

Weitere Aufgaben können zusätzlich bearbeitet werden, z.B. Auswahl der am besten geeigneten Alternative zur Beantwortung einer Anfrage, Abarbeiten der Teilanfragen in einer günstigen Reihenfolge usw. Hilfreiche Informationen dafür sind Angaben über die Netzkonfiguration, Daten- und Benutzerprofile, Statistiken über das Systemverhalten u.a.

Der Algorithmus läuft in drei Phasen ab:

(1) Übersetzung in interne Darstellung

Die Terme des Anfrageprädikats werden in die Intervalldarstellung überführt, die zur Darstellung von Verteilungsprädikaten verwendet wird. Auch Schnitte und Vereinigungen von Intervallen werden implizit durchgeführt, falls Terme mit gleichen Feldnamen auftreten. Zusätzlich werden Subset- und Satztypnamen vermerkt.

(2) Durchlaufen der Subsettabelle

Sollen durch eine Anfrage Daten aus einer mit einem Subset- oder Satztypnamen angegebenen Menge selektiert werden, so genügt es, diese in der Subsettabelle zu finden. Dabei können in der Anfrage Terme angegeben sein, die auf Inklusion überprüft werden müssen. Eine Zerlegung in Teilanfragen ist unnötig, da die bezeichnete Menge als Ganzes verteilt worden ist. Die Adressen der Zielrechner können direkt abgelesen werden. Alternativen ergeben sich dann, wenn die bezeichnete Menge an mehreren Stellen vorhanden ist.

(3) <u>Durchlaufen der Verteilungstabelle</u>

In allen anderen Fällen muß die Datenverteilung folgendermaßen
mit Hilfe der Verteilungstabelle ermittelt werden:

(3.1) <u>Intervallsplitting</u>

Für jeden Feldnamenbereich der Anfrage werden alle über-
lappenden Einträge der Verteilungstabelle durch Aufspaltung
soweit verfeinert, bis die größten gemeinsamen Unterein-
heiten erreicht sind. Es entsteht eine Folge von zusammen-
hängenden Teilintervallen für den fraglichen Bereich.

(3.2) <u>Rechnerüberprüfung</u>

Für alle Teilintervalle der Anfrage werden sukzessive diejenigen Rechner herausgesucht, auf denen diese Daten liegen.
Dabei sind Rechneradresse und dort vorhandenes Teilintervall
wichtig.

(3.3) <u>Zusammenstellen der Teilanfragen</u>

Für alle Teilintervalle des Kommandos werden alle Rechner-
möglichkeiten zu Anfragefolgen aneinandergereiht.

Damit hat man die zu Beginn geforderten Informationen erhalten. Eine
Zerlegung ist durch das Intervallsplitting gegeben. Die Rechner-
adressen erhält man durch Überprüfung der Teilintervalle. Die Alternativen sind alle Anfragefolgen, die sich durch Aneinanderreihung der
Rechner-Intervall-Paare ergeben.

In den folgenden Beispielen werden die Phasen (2) und (3) des Algorithmus erläutert.

<u>Bsp.1:</u> Verteilung einer Anfrage mit Hilfe der Subsettabelle

```
    FIND ERG = (PERSON.NAME,PERSON.GEHALT)
               INTO U, V
               FROM PERSONSET1
```

(1) Eine Übersetzung von Qualifikationstermen ist nicht
    nötig, da nur ein Subsetname angegeben ist.

(2) Der Eintrag für PERSONSET1 in der Subsettabelle (Abb.2)
    ergibt folgende Informationen: Die gesamte definierte
    Datenmenge befindet sich auf dem Platz ABT23. Sie muß
    (von der Anfrage her) nicht weiter eingeschränkt werden.
    Alternativen von Zielrechnern gibt es nicht, da von die-
    ser Menge keine Kopie existiert.

(3) Der dritte Schritt des Algorithmus wird damit nicht
    benötigt.

<u>Bsp.2:</u> Verteilung einer Anfrage mit Hilfe der Verteilungstabelle

```
FIND ERG = (PERSON.NAME, PERSON.GEHALT)
           INTO U,V
           FROM PERSON
           WHERE PERSON.NAME ≥ E  AND
                 PERSON.NAME < Q
```

(1) Die Übersetzung der Qualifikationsterme und ihr Schritt
    wegen der konjunktiven Verknüpfung haben das Ergebnis
    (in graphischer Darstellung):

PERSON   NAME   

(2) Ein Durchlaufen der Subsettabelle ergibt keinen Erfolg,
    da der Satztyp PERSON nicht als ganzes verteilt worden ist.

(3) Der Eintritt in die Verteilungstabelle verlangt folgende
    Schritte:

   (3.1) Das Spalten des Verteilungsfeldes (NAME) ergibt die
         größten gemeinsamen Untereinheiten aus Verteilungs-
         tabelle und Anfrage (Abb.4).

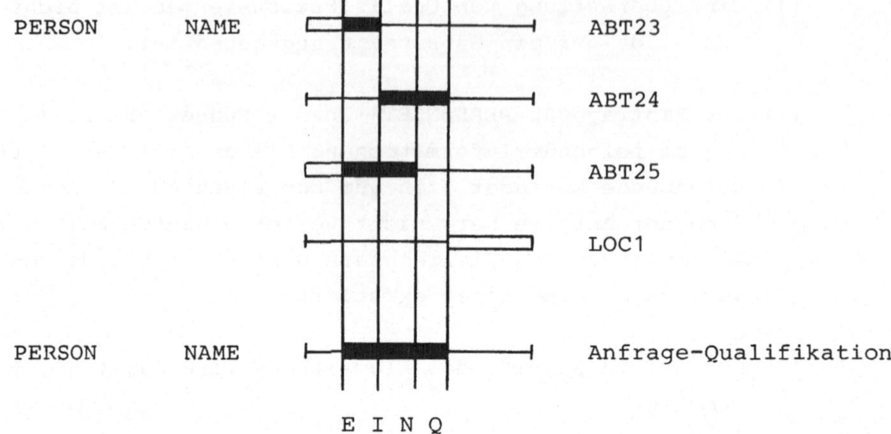

Abb.4: Intervallsplitting (Erläuterungen im Text)

(3.2) Die Rechnerüberprüfung für vorhandene Teilintervalle der Anfrage ergibt fünf Treffer. Dabei werden
die Intervallgrenzen angepaßt:

$$\left[E,V(I), ABT23\right] \quad \left[I,V(N), ABT24\right]$$
$$\left[N,V(Q), ABT24\right]$$
$$\left[E,V(I), ABT25\right] \quad \left[I,V(N), ABT25\right]$$

(3.3) Die Menge aller Adressierungen ist die Menge aller
Wege von Anfang bis Ende über die gesamte Anfrage-
Qualifikation. Damit erhält man vier Alternativen:

a) $\left[ABT23, PERSON, NAME, E, V(I)\right]$
   $\left[ABT24, PERSON, NAME, I, V(N)\right]$
   $\left[ABT24, PERSON, NAME, N, V(Q)\right]$

b) $\left[ABT23, PERSON, NAME, E, V(I)\right]$
   $\left[ABT25, PERSON, NAME, I, V(N)\right]$
   $\left[ABT24, PERSON, NAME, N, V(Q)\right]$

c) $\left[ABT25, PERSON, NAME, E, V(I)\right]$
   $\left[ABT24, PERSON, NAME, I, V(N)\right]$
   $\left[ABT24, PERSON, NAME, N, V(Q)\right]$

d) $\left[\text{ABT25, PERSON, NAME, E, V(I)}\right]$
$\left[\text{ABT25, PERSON, NAME, I, V(N)}\right]$
$\left[\text{ABT24, PERSON, NAME, N, V(Q)}\right]$

Zur Bearbeitung eines FIND-Auftrages genügt es, eine der vier Möglichkeiten auszuwählen. Dazu können verschiedene Kriterien verwendet werden, z.B. Anzahl der anzusteuernden Rechner, Umgehen von Blockierungen, Leitungskosten usw.

Zur Durchführung eines Änderungsauftrages müssen <u>alle</u> Vorkommen von Teilintervallen geändert und damit alle möglichen Rechner angesprochen werden.

Der erläuterte Algorithmus ist in seiner erweiterten Form für mehrere Feldnamen in einer Prototyp-Version implementiert. Er wird zur Untersuchung des Laufzeitverhaltens bei unterschiedlich komplexen Anfragen und Verteilungen eingesetzt.

4. Mögliche Erweiterungen

Weitere Feldnamen, z.B. Personalnr., Gehalt, Adresse, werden, konjunktiv verknüpft, zur Verteilung von Datensätzen herangezogen. Konsequenzen daraus sind Erweiterungen der Subset- und der Verteilungstabelle. Der zusätzliche Darstellungsaufwand ist gering, da nur weitere Intervallgrenzen in die Tabellen aufgenommen werden. Der zusätzliche Abarbeitungsaufwand erhöht sich beim Bearbeiten der Verteilungstabelle in Schritt (3.1) um eine übergeordnete Schleife über alle Feldnamen. (In Bsp. 2 wurde nur das Feld NAME berücksichtigt).

<u>Bsp.3:</u> Verteilung einer Anfrage mit zwei Feldnamen mit Hilfe der Verteilungstabelle

Es wird angenommen, daß die Subsets durch die beiden Feldnamen NAME und GEHALT definiert sind. Sie sind für diesen zweidimensionalen Fall als Rechtecke auf die Rechner verteilt.

```
FIND   ERG =    (PERSON.NAME, PERSON.GEHALT)
                INTO U,V
                FROM PERSON
                WHERE PERSON.NAME   ≥ E AND
                      PERSON.NAME   < Q AND
                      PERSON.GEHALT ≥ 1000   AND
                      PERSON.GEHALT < 2000
```

(1)   Die Übersetzung der Qualifikationsterme erfolgt wie im
       eindimensionalen Fall. Anstelle eines Anfrageintervalls
       entsteht ein Anfragerechteck.

(2)   Die Subsettabelle gibt wegen eines fehlenden Subsetnamens
       keinen Anhaltspunkt für eine Verteilung.

(3.1) Die Aufspaltung der Anfragequalifikation ergibt eine
       Menge von zusammenhängenden Anfragerechtecken, da sie
       für beide Feldnamen geschieht.

(3.2) Für jedes Anfragerechteck werden die Rechner ermittelt,
       die eine umfassende Datenmenge halten. Auch im mehrdimen-
       sionalen Fall entstehen dabei Mehrfachtreffer, wenn die
       Daten an mehreren Plätzen gleichzeitig liegen.

(3.3) Die Menge aller Adressierungen ergibt sich wie im eindi-
       mensionalen Fall als Menge aller möglichen Wege für die
       entstandenen Teilrechtecke.

Weitere Satztypen, z.B. Abteilung, Kunde, führen zu weiteren
Verteilungstabellen. In der Subsettabelle ändert sich nichts, der
Darstellungsaufwand ist damit insgesamt gering. Mehr Abarbeitungsaufwand beim Algorithmus entsteht nicht, da bei jedem Ablauf gezielt die
richtige Satztyptabelle angesprochen werden kann.

Auch bei Anfragen, die sich gleichzeitig auf zwei oder mehrere
Satztypen beziehen, die durch Links gekoppelt sind, ist der Algorithmus einsetzbar. Ein übergeordneter Modul zerlegt diese Kettenfragen,
wendet für jedes Glied den Algorithmus an und wertet die zwischen zwei
Ergebnismengen bestehenden Linkterme aus.

Die hier gezeigte Verwendung von Intervallen und des Überlappungs-
algorithmus ist auch bei anderen Problemen von Datenbanksystemen möglich, wo Datenbereiche und Überdeckungen behandelt werden, z.B. bei
Autorisierungs- oder Synchronisationsproblemen (Eswaran et al. /1/).

Anmerkung:

Diese Arbeit ist Teil des Projektes "Verteilte Datenbanken" an der
Technischen Universität Berlin, das vom Bundesministerium für Forschung und Technologie gefördert wird.

Für hilfreiche Diskussionen danke ich Prof. Dr. H.-J. Schneider,
Dr. J. Bieber, B. Freier, Dr. R. Munz und H. Schweppe.

Literaturhinweise:

/1/ Eswaran, K.P.; Gray, J.N.; Lorie, R.A.; Traiger, I.L.;
The Notions of Consistency and Predicate Locks in a
Database System; CACM, November 1976, Vol. 19, No. 11,
pp. 624 - 633

/2/ Munz, R., Bieber, J., Freier, B., Schneider, H.-J.,
Schweppe, H., Steyer, F.; Call-Schnittstelle VDN;
Technische Universität Berlin, Fachbereich Informatik,
Projekt "Distributed Databases" VDN-Report 5/77

/3/ Munz, R.; System Architectures for Managing Distributed
Data Bases; Technische Universität Berlin, Fachbereich
Informatik, Projekt "Distributed Databases" VDN-Report 1/77

/4/ Schweppe, H.; On Different Classes of Predicates for
Distributing Data; Technische Universität Berlin,
Fachbereich Informatik, Projekt "Distributed Databases"
VDN-Report 4/77

/5/ Wong, K.C.; Edelberg, M.; Interval Hierarchies and
their Application to Predicate Files; ACM Transactions
on Database Systems, Vol.2, No.3, September 1977,
pp. 223 - 232

ZUGRIFF AUF DATEIEN IN RECHNERNETZEN ÜBER SEKUNDÄRSCHLÜSSEL:
ZUR MINIMALZAHL DER BETEILIGTEN RECHNER

Christoph Strelen
Technische Hochschule Darmstadt
Fachbereich Informatik

Zusammenfassung: Es werden Dateien betrachtet, deren Sätze in verschiedenen Rechnern eines Rechnernetzes gespeichert sind. Die Auswahl von Sätzen erfolgt über Sekundärschlüssel, sodaß jedesmal i. allg. mehrere Sätze zuzugreifen sind, wobei dann einige Rechner des Netzes beteiligt sind. Es wird eine Strategie dafür vorgestellt, wie die Sätze der Datei in den einzelnen Knoten zusammenzufassen sind, sodaß möglichst wenige Rechner des Netzes angesprochen werden.

1. Einleitung

In Rechnernetzen gibt es Dateien, deren Sätze in den verschiedenen Knotenrechnern gespeichert sind. Bei der Auswahl eines Knotens für einen Satz wird man u. a. berücksichtigen, wo der Satz häufig gebraucht wird und wo Speicherplatz verfügbar ist.

Neben dem Zugriff über einen eindeutig identifizierenden Schlüssel kann die Auswahl von Sätzen auch über Sekundärschlüssel erfolgen. Dabei werden die Werte von einigen Sekundärschlüsseln vorgegeben, andere bleiben unbestimmt. Es wird eine Frage formuliert, die i. allg. mehrere Sätze spezifiziert. Wir betrachten z.B. die Studentendatei einer Hochschule. Eine Frage könnte beispielsweise nach den norwegischen Studenten der Chemie vor dem Vorexamen lauten, wobei andere Sekundärschlüssel wie Alter, Familienstand usw. zur Auswahl nicht herangezogen werden.

Nun sollten durch eine Frage möglichst nicht Sätze in fast allen Knoten angesprochen werden. Vielmehr ist es günstig, wenn die ausgewählten Sätze in wenigen Knoten konzentriert sind, und die restlichen Knoten unberührt bleiben.

Um eine solche Konzentration für eine Klasse von Fragen zu erreichen, wird in dieser Arbeit eine Strategie vorgeschlagen. Sie basiert auf einer Bedingung,die für alle zusammen in einem Knoten abgespeicherten Sätze erfüllt sein muß. Es wird nichts darüber gesagt, in welchem Knoten Sätze gespeichert werden sollen; dazu sind andere Verteilungsstrategien heranzuziehen. Da die angegebene Bedingung sehr viele Möglichkeiten für die Zusammenfassung erlaubt, bleibt für die Verteilungsstrategie ein hinreichend großer Spielraum.

Das Resultat dieser Arbeit läßt sich folgendermaßen zusammenfassen: Wir nehmen einmal an, daß von allen denkbaren Sätzen mit paarweise wenigstens einem unterschiedlichen Sekundärschlüssel eine feste Anzahl für einen Knoten vorgesehen werden soll. Wir können eine Bedingung für alle Sätze eines Knotens formulieren, die sicherstellt, daß von allen Fragen der betrachteten Klasse die geringst mögliche Anzahl den Knoten ansprechen kann.

Es wird hier eine Minimaleigenschaft auf Rechnernetze übertragen, die in der Arbeit [S] im Zusammenhang mit kombinatorischem Hash hergeleitet wird, um die Anzahl der Speicherzugriffe bei Adressierung über Sekundärschlüssel zu minimieren.

2. Die Datei

Wie bei Hsiao-Harary [HH] sei eine Datei D eine Menge von Sätzen. Jeder Satz d besteht aus einer Menge von Attribut-Wert-Paaren. Sei A die Menge der Attribute, W die Menge der Werte, dann ist $d \in A \times W$ ein Satz.
Beispiel: d = {(Name, Schapp),
            (Vorname, Alfred),
            (Mann oder Frau, Mann),
            (vor oder nach dem Vorexamen, vor),
            (Fachbereich, Informatik), ...}

Der Index eines Satzes ist eine Teilmenge seiner Attribut-Wert-Paare. In unserem Fall sind dies gerade die Sekundärschlüssel. Der Index dient dazu, Sätze aus der Datei auszuwählen.

Wir wollen die Sekundärschlüssel durch Binärschlüssel $b_i \in \{0,1\}$, $i \in LB := \{1 : lb\}$, ausdrücken. Aneinandergereiht ergeben sie ein lb-Tupel $b = (b_1 \ldots b_{lb})$, das wir im folgenden statt der Sekundärschlüssel benutzen werden. Wir nennen es kurz <u>Schlüssel</u>. Die Menge aller möglichen Schlüssel sei $QLB := \{0,1\}^{lb}$.

Sei $d \in D$ ein Satz einer Datei D, und $b(d)$ sein Schlüssel. Man erhält ihn, indem man jeden seiner Sekundärschlüssel in Binärschlüssel umwandelt und diese aneinanderreiht. Wie die Umwandlung erfolgt, ist für jeden Sekundärschlüssel festgelegt. Wir geben vier Verfahren an.

1) Einem Attribut-Wert-Paar des Index wird ein $i \in LB$ und somit ein Binärschlüssel b_i zugeordnet. Enthält ein Satz das Attribut-Wert-Paar, dann ist $b_i=1$, sonst ist $b_i=0$.

   Beispiel: $b_i=1$ äquivalent (Fachbereich, Informatik),
           $b_{i+1}=1$ "   (Fachbereich, Mathematik),
           $b_{i+2}=1$ "   (Fachbereich, Chemie) ...

2) j Binärschlüssel b_i, $b_{i+1} \ldots b_{i+j-1}$ werden einem Attribut zugeordnet. Jedem möglichen Wert dieses Attributes ist in eineindeutiger Weise eine Wertkombination dieser j Binärschlüssel zugeordnet.

   Beispiel: $(b_i\ b_{i+1}) = (1\ 1)$ äquivalent (Fachbereich, Mathematik),
                 $(1\ 0)$ "   (Fachbereich, Informatik),
                 $(0\ 1)$ "   (Fachbereich, Chemie) ...

3) Ist die Menge der für ein Attribut möglichen Werte so groß, daß man nicht nach 1) oder 2) vorgehen kann, so kann man Teilmengen der Wertemenge bilden, den Wert durch Angabe einer Teilmenge ersetzen, und dann 1) oder 2) anwenden. Eine naheliegende Möglichkeit besteht darin, eine Ordnung der Werte auszunutzen.

   Beispiel: ursprüngliche Werte seien reelle Zahlen, das Attribut sei Preis.

      Teilmengen: $m1 = \{x \mid 0 \leqq x < 1\}$,
                $m2 = \{x \mid 1 \leqq x < 10\}$,
                $m3 = \{x \mid 10 \leqq x\}$.

   Statt (Preis, 0.75) nimmt man (Preis, m1).

4) Es liegen die gleichen Verhältnisse wie bei 3) vor. Mit Hilfe einer Hashfunktion werden die Werte durch eine Hashadresse ersetzt. Diese kann dann in binärer Form direkt einige Binärschlüssel spezifizieren.

Wir wollen Dateien betrachten, deren Sätze in na verschiedenen Rechnern,
den _Knoten_, eines Rechnernetzes gespeichert sind, und zwar jeder Satz
in genau einem Knoten. Alle Sätze eines Knotens bezeichnen wir als _Bucket_.

Seien die Mengen $F_i \subseteq QLB$, i=1...na, Teilmengen aller möglichen Schlüssel,
die paarweise keine gemeinsamen Schlüssel enthalten, und die QLB aus-
schöpfen, also

$$F_i \cap F_j = \emptyset \text{ für } i \neq j, \ 1 \leq i,j \leq na,$$
$$F_1 \cup F_2 \cup \ldots \cup F_{na} = QLB. \tag{1}$$

Wir nennen diese Schlüsselmengen _Synonymmengen_ (SYM). Sie sollen benutzt
werden, um eine Vorschrift zu geben, welcher Satz der Datei in welchem
Knoten zu speichern ist: gehört der Schlüssel b(d) eines Satzes $d \in D$ zu
F_i, dann ist der Satz im Knoten Nummer i gespeichert. Für die Buckets
B_i zu jedem Knoten K_i, i=1...na, gilt also

$$B_i = \{ d \mid d \in D \wedge b(d) \in F_i \} \ , \ i=1...na.$$

Zur Auswahl von Sätzen dienen Fragen. Eine Frage im weiteren Sinn sei
wie in [CW] eine boolesche Funktion der Binärschlüssel b_i. Beispiel: die
Frage $b_2 \wedge \bar{b}_4 \vee b_3 \wedge b_4$ wählt alle Sätze aus, für die b_2=1 und b_4=0 ist,
und alle Sätze mit b_3=1 und b_4=1. Wir wollen hier _Fragen_ im engeren Sinn
(basic query bei Knuth [K]) betrachten. Das sind lb-Tupel

$$Q = (q_1 \ \ldots \ q_{lb}), \ q_i \in \{0,1,*\} \ .$$

Ein * gibt an, daß der zugehörige Binärschlüssel nicht spezifiziert
wird.

Wir verwenden die Fragen auch als Bezeichnung der Menge von Schlüsseln,
die man erhält, wenn alle q_i= * unabhängig voneinander der Reihe nach
durch 0 und 1 ersetzt werden,

$$Q = \{ b \mid b \in QLB \wedge (\forall i \in LB)((q_i \neq * \Rightarrow b_i = q_i) \wedge (q_i = * \Rightarrow b_i \in \{0,1\})) \}.$$

Beispiel: $(1 \ 0 \ * \ *) = \{ (1 \ 0 \ 0 \ 0), (1 \ 0 \ 0 \ 1), (1 \ 0 \ 1 \ 0), (1 \ 0 \ 1 \ 1) \}$.
Aus dem Zusammenhang geht jeweils hervor, ob wir mit Q das Tupel oder
eine Menge von Schlüsseln meinen.

Eine Frage Q wählt alle Sätze der Datei aus, deren Schlüssel Element von
Q sind.

Enthält das Tupel Q genau n Sterne (*), so nennen wir es eine _n-Frage_.
Offenbar ist QLB die lb-Frage. Die Mächtigkeit einer n-Frage ist $|Q| = 2^n$.

Enthält eine Frage Q einen Schlüssel b, der zu einer SYM F_i gehört,
$b \in F_i$, so sagen wir, Q _trifft_ den Knoten K_i und die SYM F_i.

Zwei Fragen $Q^i = (q'_1 \ldots q'_{lb})$ und $Q^{ii} = (q''_1 \ldots q''_{lb})$, $i \in LB$, bilden eine <u>Aufteilung</u> (A) einer Frage Q, wenn

$$q_i = *, \quad q'_i \neq q''_i, \quad q'_i, q''_i \in \{0,1\},$$

$$q'_j = q''_j = q_j \quad \text{für alle } j \in LB - \{i\}. \tag{2}$$

Wird eine SYM F betrachtet, so sei die Bezeichnung so gewählt, daß Q^i höchstens ebenso viele Schlüssel aus F enthält wie Q^{ii},

$$|F \cap Q^i| \leqq |F \cap Q^{ii}|.$$

Beispiel: $Q^i = (* \, 0 \, *)$, $Q^{ii} = (* \, 1 \, *)$, $Q = (* \, * \, *)$,

$$F = (0 \, 0 \, *) \cup (* \, 1 \, *)$$

Eine bezüglich einer SYM F <u>extreme Aufteilung</u> (eA) Q^i, Q^{ii} ist eine A mit

$$Q^i \cap F = \emptyset \quad \text{oder} \quad Q^{ii} \subseteq F. \tag{3}$$

Es ist eine geometrische Veranschaulichung möglich. QLB ist ein lb-dimensionaler Würfel. Jede Ecke entspricht einem Schlüssel. Eine Menge von Ecken ist eine SYM. Alle im Würfel enthaltenen Würfel der Dimensionen n = 0,1 ... lb sind die n-Fragen.

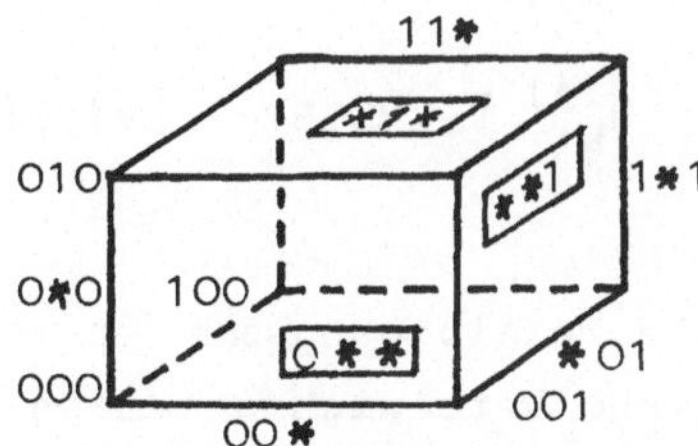

3. Die Bedingung für Optimalität

Wir wollen nun die Klasse aller optimalen Synonymmengen definieren. Genau diese SYMn haben die in der Arbeit untersuchte Minimaleigenschaft.

<u>Definition</u> Eine SYM F hat hinsichtlich einer n-Frage Q die Eigenschaft opt, d.h. es ist opt(F,Q), genau dann, wenn n=0 gilt, oder wenn eine eA Q^i, Q^{ii} für Q existiert und

$$n = 1 \ \lor$$
$$Q^i \cap F = \emptyset \ \land \ \text{opt}(F,Q^{ii}) \ \lor$$
$$Q^{ii} \subseteq F \ \land \ \text{opt}(F,Q^i) \tag{4}$$

ist. Eine SYM F mit opt(F,QLB) wollen wir eine <u>optimale Synonymmenge</u> (oSYM) nennen.

Um einen Algorithmus für alle möglichen oSYMn abzuleiten, geben wir einen Algorithmus für die Berechnung von Folgen von Fragen Q_j, $j=0\ldots lb$, an. Die Vereinigungsmengen

$$F = \bigcup_{j \in I} Q_j, \quad I \subseteq LB,$$

sind dann oSYMn.

Sei $\quad p = (p_1 \ldots p_{lb}) \in QLB$ ein Schlüssel,

$\quad v: LB \cup \{0\} \to LB \cup \{0\}$ eine bijektive Funktion mit $v(0)=0$,

$\quad Q_0 := \tilde{Q}_0 := OLB$,

$\quad Q_j = (q_1^{(j)} \ldots q_{lb}^{(j)})$, $\tilde{Q}_j = (\tilde{q}_1^{(j)} \ldots \tilde{q}_{lb}^{(j)})$ $\quad \forall \; j \in LB$

Fragen mit

$$q_{v(j)}^{(j)} = p_j,$$

$$q_k^{(j)} = \tilde{q}_k^{(j-1)} \;\; \forall \; k \in LB - \{v(j)\},$$

$$\tilde{q}_{v(j)}^{(j)} = \overline{p}_j,$$

$$\tilde{q}_k^{(j)} = q_k^{(j)} \;\; \forall \; k \in LB - \{v(j)\} . \tag{5}$$

Dann gilt

<u>Satz 1</u> Alle Vereinigungsmengen solcher Q_j sind oSYMn, und alle oSYMn sind als solche Vereinigungsmengen darstellbar:

$$F = \bigcup_{j \in I} Q_j \lor F = QLB \Rightarrow opt(F,OLB) \quad \forall \; p \in QLB, \; v, \; I \subseteq LB, \tag{6}$$

$$opt(F,QLB) \Rightarrow (\exists \, p \in QLB, \, v, \, I \subseteq LB)(F = \bigcup_{j \in I} Q_j) \lor F = QLB. \tag{7}$$

Der Beweis steht im Anhang.

Beispiel: $\quad v(j) = j \quad$ für $j \in LB$,

$\quad Q_1 = (p_1 \; * \; * \ldots *), \quad \tilde{Q}_1 = (\overline{p}_1 \; * \; * \ldots *),$

$\quad Q_2 = (\overline{p}_1 \; p_2 \; * \ldots *), \quad \tilde{Q}_2 = (\overline{p}_1 \; \overline{p}_2 \; * \; \ldots *),$

$$\cdots$$

$\quad Q_{lb} = (\overline{p}_1 \; \overline{p}_2 \cdots \overline{p}_{lb-1} \; p_{lb}), \quad \tilde{Q}_{lb} = (\overline{p}_1 \; \overline{p}_2 \cdots \overline{p}_{lb-1} \; \overline{p}_{lb}). \tag{8}$

Alle möglichen Folgen der Q_j erhält man aus den verschiedenen $p \in QLB$ und durch gleichsinniges Vertauschen der Elemente in allen Q_j, $\tilde{Q}_j$, d.h. aus den verschiedenen Abbildungen v. Alle möglichen oSYMn erhält man aus diesen Folgen für die verschiedenen Indexmengen $I \subseteq LB$.

Zur Veranschaulichung geben wir einige Beispiele:
1) Alle durch Fragen bezeichneten Schlüsselmengen sind oSYMn.

2) $F = (1 * *) \cup (0\ 0\ 1)$
   ist eine oSYM.

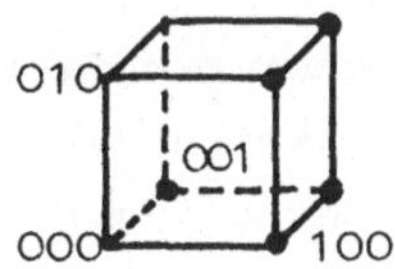

3) $F = (0\ 0) \cup (1\ 1)$ ist
   <u>nicht</u> optimal.

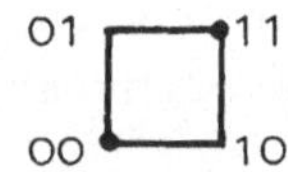

4) Wir betrachten eine Studentendatei einer Universität.
   Aufbau der Schlüssel
   $b_1\ b_2\ b_3$ - Fachbereich   0 0 1 : Chemie
                                       0 1 0 : Informatik
                                       0 1 1 : Mathematik
   b_4 -   vor dem Vorexamen (0)
                     nach dem Vorexamen (1)
   b_5 -   Mann (0)
                     Frau (1)   usw.

Zwei oSYMn:
$$F_j = (0\ 1\ 0\ *\ *\ *\ \ldots\ *)\quad \text{Informatiker}$$
$$\cup (0\ 1\ 1\ *\ 1\ *\ \ldots\ *)\quad \text{Mathematiker, Frauen}$$
$$\cup (0\ 1\ 1\ 0\ 0\ *\ \ldots\ *)\quad \text{Mathematiker, vor dem Vorexamen, Männer}$$
$$F_{j+1} = (0\ 0\ 1\ *\ *\ *\ \ldots\ *)\quad \text{Chemiker}$$
$$\cup (0\ 1\ 1\ 1\ 0\ *\ \ldots\ *)\quad \text{Mathematiker, nach dem Vorexamen, Männer}$$

Zwei SYMn, die nicht optimal sind:
$$F_j = (0\ 1\ 0\ *\ *\ *\ \ldots\ *)\quad \text{Informatiker}$$
$$\cup (0\ 1\ 1\ 0\ 0\ *\ \ldots\ *)\quad \text{Mathematiker, vor dem Vorexamen, Männer}$$
$$\cup (0\ 1\ 1\ 1\ 1\ *\ \ldots\ *)\quad \text{Mathematiker, nach dem Vorexamen, Frauen}$$
$$F_{j+1} = (0\ 1\ 1\ 0\ 1\ *\ \ldots\ *)\quad \text{Mathematiker, vor dem Vorexamen, Frauen}$$
$$\cup (0\ 1\ 1\ 1\ 0\ *\ \ldots\ *)\quad \text{Mathematiker, nach dem Vorexamen, Männer}$$

Die Bedeutung optimaler SYMn liegt in folgender Aussage:

<u>Satz 2</u>   Sei eine ganze Zahl nf mit $1 \leq nf \leq 2^{lb}$ vorgegeben. Für alle SYMn F mit $|F| = nf$ gilt: Die Anzahl der Fragen $Q^+ \subseteq QLB$, die Schlüssel aus F enthalten, also mit $Q^+ \cap F \neq \emptyset$, ist genau dann minimal, wenn F eine oSYM ist.

Der komplizierte Beweis des Satzes wird in [S] geführt. Für den Sonderfall $nf = 2^{lc}$, lc ganz, $0 \leq lc \leq lb$, wird der Satz in [R] bewiesen.

Für eine Datei D, deren Sätze über ein Rechnernetz verteilt gespeichert werden, bedeutet diese Aussage: seien alle Sätze $d \in D$ der Datei, deren Schlüssel b(d) zur SYM F gehören, $b(d) \in F$, im Knoten K gespeichert. Die Anzahl der Fragen $Q^+ \subseteq QLB$, die den Knoten K treffen, ist genau dann minimal, wenn F eine oSYM ist, falls die Mächtigkeit $|F|$ festgehalten wird.

Beispiel: $QLB = (* *)$, $|F| = 2$. Die Anzahl der Fragen Q^+, die F treffen, ist 6, falls F eine oSYM ist.

a) $F = (O *)$:

  Q^+ : (O O), (O 1), (O *), (* O), (* 1), (* *)

b) $F = (O O) \cup (1 1)$, d.h. F ist keine oSYM. Die Anzahl der Fragen Q^+,

  die F treffen, ist 7.

  Q^+ : (O O), (1 1), (O *), (1 *), (* O), (* 1), (* *)

Aus Satz 2 läßt sich folgende Aussage für alle SYMn einer Datei ableiten: Seien die Mächtigkeiten $nf_i = |F_i|$ für alle Knoten K_i vorgegeben. Dann gilt: wenn alle SYMn optimal sind, ist die Summe über alle Fragen der Treffer minimal.

Allerdings lassen sich nicht zu allen vorgegebenen Kombinationen von Mächtigkeiten nf_i, i=1...na, oSYMn angeben, die keine gemeinsamen Schlüssel enthalten. Dazu ein Beispiel: lb=5, na=3, $nf_1 = 14$, $nf_2 = 11$, $nf_3 = 7$. F_1 muß in einer 4-Frage enthalten sein, wobei 2 Schlüssel frei bleiben, und F_2 in einer anderen 4-Frage mit 5 freien Schlüsseln. Es gelingt nicht, F_1 und F_2 so anzuordnen, daß die freigebliebenen Schlüssel in einer 3-Frage enthalten sind. F_3 muß aber in einer 3-Frage enthalten sein.

Demgegenüber ist es jedoch leicht möglich, die Menge QLB aller Schlüssel in oSYMn F_i aufzuteilen, die Fragen sind, weil man durch Bilden einer Aufteilung einer Frage wieder eine Frage bekommt.

Beispiel: Die Studentendatei einer Universität sei auf die Rechner der Fachbereiche 1 bis 8 verteilt. Die Binärschlüssel b_1 b_2 b_3 geben den Fachbereich an. Durch mehrfaches Bilden von Aufteilungen erhält man die oSYMn

$$F_1 = (0 \; 0 \; 0 \; * \; ...),$$
$$F_2 = (0 \; 0 \; 1 \; * \; ...),$$
$$. \; . \; .$$
$$F_8 = (1 \; 1 \; 1 \; * \; ...). \tag{9}$$

Nach Satz 1 lassen sich Fragen zu oSYMn zusammensetzen, die nicht einfach Fragen sind. Beispiel: Der Fachbereich Mathematik (0 1 1) hat keinen Rechner. Eine Möglichkeit besteht darin, alle seine Studentensätze in einem anderen Fachbereichsrechner zu speichern, z.B. bei der Chemie (0 0 1). Die SYM ist dann (0 * 1 * ...); die SYM F ist eine Frage, und somit sind wir wie im vorigen Abschnitt vorgegangen. Man könnte jedoch auch die Studentensätze der Mathematiker auf mehrere Rechner verteilen, siehe Beispiel 4) für oSYMn. Hier entstehen oSYMn, die die keine Fragen sind.

Anhand der Beispiele wird jedoch klar, daß nicht Schlüssel aus zwei beliebigen Fragen zu einer oSYM zusammengefaßt werden können. So können wir nicht Sätze aus Informatik (0 1 0 * ...) zu den Chemikern (0 0 1 * ...) dazunehmen, weil sich zwei Binärschlüssel unterscheiden. Eine Zusammenfassung muß bereits bei der Umsetzung in Binärschlüssel ins Auge gefaßt werden.

Im folgenden geben wir einige Formeln an, mit denen man im konkreten Fall berechnen kann, wieviele oSYMn, also Knoten, von einer n-Frage im Mittel getroffen werden. Aussagen über die Varianz lassen sich hier nicht machen, da diese davon abhängt, wie die SYMn gegenseitig angeordnet sind.

Mit $t(n,nf,lb)$ bezeichnen wir die Anzahl der n-Fragen, die eine bestimmte oSYM F mit der Mächtigkeit $|F| = nf$ treffen. Falls F eine Frage ist, $nf=2^{lc}$, lc ganz, $0 \leq lc \leq lb$, gilt

$$t(n,nf,lb) = \begin{cases} nf & \text{für } n=0 \\ \binom{lb}{n} 2^{lb-n} & \text{für } 0 < n \leq lb, \; lc=lb \\ t(n,2^{lc},lb-1) + t(n-1,2^{lc},lb-1) & \text{für } 0 < n < lb, \; lc < lb. \end{cases} \tag{10}$$

Falls F keine Frage ist, gilt mit der Dualdarstellung

$$nf = 2^{lc_1} + \ldots + 2^{lc_K}, \quad K > 1, \quad 0 \leq lc_K < \ldots < lc_2 < lc_1 < lb,$$

$$t(n,nf,lb) = \begin{cases} nf & \text{für } n=0 \\ 1 & \text{für } n=lb \\ t(n,2^{lc_1},lb) + t(n,2^{lc_2}+\ldots+2^{lc_K},lb-1) & \text{für } 0 < n < lb. \end{cases} \quad (11)$$

Der Beweis für (10) und (11) steht im Anhang.

Die Anzahl der möglichen n-Fragen ist $\binom{lb}{n} 2^{lb-n}$. Damit erhält man die Wahrscheinlichkeit $p(n,nf,lb)$ dafür, daß eine n-Frage eine SYM F mit $|F| = nf$ trifft:

$$p(n,nf,lb) = t(n,nf,lb) / \left(\binom{lb}{n} \cdot 2^{lb-n} \right). \quad (12)$$

Der Erwartungswert $\overline{ha}(n)$ für die Anzahl der SYMn, die von einer n-Frage getroffen werden, ist dann

$$\overline{ha}(n) = \sum_{i=1}^{na} p(n,nf_i,lb). \quad (13)$$

$nf_i = |F_i|$ sind die Mächtigkeiten der oSYMn F_i, $i=1\ldots na$. Für den Sonderfall, daß alle $nf_i = 2^{lc}$, $0 \leq lc \leq lb$, und $na = 2^{lb-lc}$ ist, finden wir die Näherung

$$\overline{ha}(n) \approx (1+n/lb)^{lb-lc}. \quad (14)$$

4. Beispiel: Verteilung der Sätze gemäß optimaler Synonymmengen gegenüber zufälliger Verteilung

Es liegt ein Netzwerk mit 16 Knoten vor. Die Schlüssel der hierauf verteilten Sätze mögen $lb=30$ Binärschlüssel umfassen. Die SYMn F_i, $i=1\ldots16$, sollen für jeden Knoten gleich mächtig sein, also $|F_i| = 2^{lb-4}$. Es seien $a \cdot 2^{lb}=0.001 \cdot 2^{30} \approx 1.07 \cdot 10^6$ Sätze abgespeichert. Für jeden Satz sei jeder mögliche Schlüssel $b \in QLB$ gleich wahrscheinlich.

Zunächst nehmen wir an, daß die Sätze der Datei ganz zufällig auf die Knoten verteilt gespeichert sind. Der Erwartungswert $E(ns)$ für die Anzahl der durch eine n-Frage ausgewählten Sätze ist $a \cdot 2^n$, für $n=16$ ist er $E(ns) \approx 65.54$. Der Erwartungswert $E(z_n')$ für die Anzahl der Knoten, in denen 65.54 Sätze gespeichert sind, ist $E(z_{16}') \approx 15.77$.

Wir nehmen nun an, daß die F_i oSYMn sind. Der Erwartungswert für die
Anzahl von Knoten, die von einer 16-Frage getroffen werden, ist
$\overline{ha}(16) \approx 5.53$. Gehen wir von 5.53 Buckets und 65.54 Sätzen aus,
ergibt sich als Erwartungswert für die Anzahl der betroffenen Knoten
$E(z_{16}) \approx 5.53$. Damit ist $E(z_{16})/E(z_{16}') \approx 0.35$, d.h. bei oSYMn sind im Mit-
tel etwa 65% weniger Knoten beteiligt.

Bei diesem Beispiel ist der Vorteil der oSYMn bei einer 16-Frage am
größten. Einen Überblick, wie die Verhältnisse bei anderen Fragen liegen
gibt das folgende Bild 1. Der Abstand zwischen der oberen und der unte-
ren Kurve gibt die Ersparnis an, wenn die SYMn optimal sind.

Die Vorteile der oSYMn sind größer, je mehr Sätze in der Datei gespei-
chert sind. Für a=0.01, also $|D| \approx 1.07 \cdot 10^7$ abgespeicherte Sätze, ist
das günstigste Verhältnis bei einer 12-Frage gegeben. Dann ist
$E(z_{12})/E(z_{12}') \approx 0.26$, die maximale Ersparnis beträgt im Mittel etwa 74%.
Für a=0.0001 dagegen, $|D| \approx 1.07 \cdot 10^5$, wird nur eine Ersparnis von etwa
54% für eine 19-Frage erreicht. Eine Übersicht gibt Bild 2.

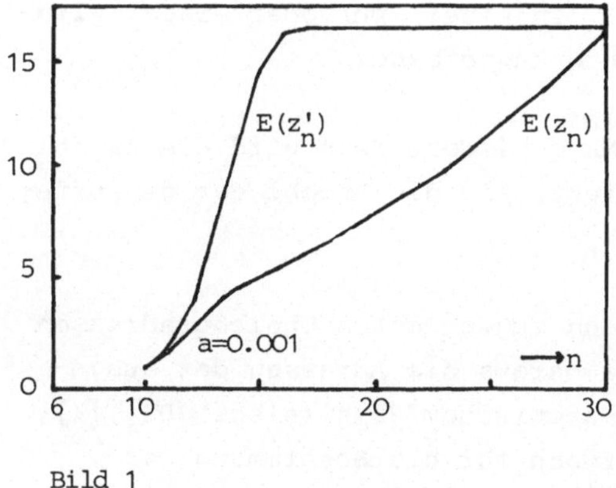

Bild 1

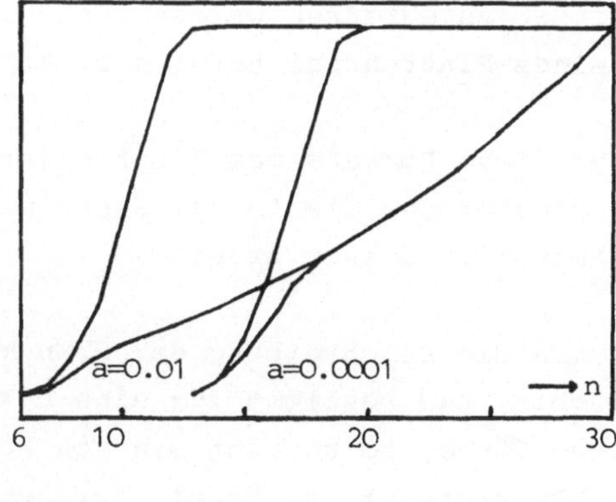

Bild 2

5. Schlußbemerkungen

1) Die angestellten Überlegungen betreffen nur den Erwartungswert für die
Anzahl der Treffer auf eine n-Frage. Der Einzelfall kann günstiger oder
ungünstiger liegen. Die Untersuchung des ungünstigsten Falles ist viel
komplizierter als die des Erwartungswertes. Das Gleiche gilt für die
Varianz. Hierbei hat nicht nur die Struktur der einzelnen SYMn Einfluß,
sondern auch die gegenseitige Anordnung.

Bei Rivest [R] werden für den Sonderfall, daß alle SYMn gleichgroße Fragen sind, im Zusammenhang mit kombinatorischem Hash dazu Betrachtungen angestellt. Wenn man die SYMn so bildet, daß sie, untereinandergeschrieben, in jeder Spalte gleich viele * enthalten, dann wird für eine (n-1)-Frage der ungünstigste Fall bestmöglich bewältigt. Es wird anhand von Beispielen vermutet, daß diese Anordnung der SYMn auch für andere Fragen den ungünstigsten Fall entschärft. Nur in einigen Fällen ist es möglich, die SYMn auf die genannte Weise anzuordnen.

Diese Vorgehensweise schränkt die Freiheiten bei der Bildung der SYMn ganz wesentlich ein. Im Zusammenhang mit Rechnernetzen bedeutet das, daß Verteilungsstrategien nur noch in geringem Maße berücksichtigt werden können. Es kann jedoch festgehalten werden, daß es für das Verhalten im ungünstigsten Fall nachteilig ist, wenn die Trennung der SYMn sich nach wenigen Spalten, d.h. Elementen der lb-Tupel, ausrichtet. Ein ungünstiges Beispiel in diesem Sinne ist (9).

2) Satz 2 ist auch in anderem Zusammenhang interessant, wenn wir eine Datei betrachten, die in _einem_ Rechner gespeichert ist. Dabei seien jeweils mehrere Sätze zu Buckets zusammengefaßt so abgespeichert, daß sie gemeinsam zugegriffen werden können, z.B. in einer Spur oder einem Zylinder eines Plattenspeichers, oder auf einem Magnetband.

Werden diese Buckets gemäß optimaler SYMn gebildet, dann wird die Anzahl der Speicherzugriffe in dem Sinne minimiert, wie die Anzahl der getroffenen Knoten in dieser Arbeit.

Hält man die Beschreibung der SYMn mit den zugeordneten Speicheradressen verfügbar, und bestimmt für eine n-Frage daraus die Adressen der ausgewählten Sätze, so spricht man von kombinatorischem Hash (siehe [DT], [K], [S]). Interessant ist dabei, daß der Aufwand für die Bestimmung der Adressen von der Ordnung $O((1+n/lb)^{ld(na)})$ ist, also fallend in der Anzahl lb-n der spezifizierten Schlüssel. Bei der Benutzung von invertierten Listen ist die Ordnung $O(2^{ld(na)}(lb-n))$, also ansteigend in lb-n, siehe [H].

6. Anhang

Beweis Satz 1   Teil 1 durch vollständige Induktion.

Verankerung: wegen $|\tilde{Q}_{1b}| = 1$ ist $opt(F,Q_{1b})$.

Induktionsannahme: $opt(F,\tilde{Q}_j)$

Induktionsbehauptung: $opt(F,\tilde{Q}_{j-1})$

Mit $i=v(j)$ ist Q_j, $\tilde{Q}_j$ eA Q^i, Q^{ii} von $\tilde{Q}_{j-1}$ für $j \in LB$.

Fall $Q_j \subseteq F$: mit $opt(F,\tilde{Q}_j)$ ⇒ $opt(F,\tilde{Q}_{j-1})$ nach (4) mit $Q_j = Q^{ii}$.

Fall $Q_j \cap F = \emptyset$: mit $opt(F,\tilde{Q}_j)$ ⇒ $opt(F,\tilde{Q}_{j-1})$ mit $Q_j = Q^i$.

Wegen $\tilde{Q}_o = QLB$ ist F eine oSYM.

Teil 2: Wir geben einen Algorithmus an, der die Folgen Q_j, $\tilde{Q}_j$, $j=0\ldots 1b$, die Abbildung v und die Menge I konstruiert.

$I := \emptyset$; $Q_o := \tilde{Q}_o := QLB$; $v(0) := 0$;

for $j:=1$ **to** $1b$ **do**

    bilde eA Q^i, Q^{ii} für $\tilde{Q}_{j-1}$ mit

        wenn möglich Fall 1: $Q^{ii} \subseteq F$ und $opt(F,Q^i)$

        sonst   Fall 2: $Q^i \cap F = \emptyset$ und $opt(F,Q^{ii})$;

        { das ist möglich wegen $opt(F,\tilde{Q}_{j-1})$ und $|\tilde{Q}_{j-1}| \geqq 2$ }

    if {Fall 1} **then** $\tilde{Q}_j := Q^i$; $Q_j := Q^{ii}$; $I := I \cup \{j\}$

    else {Fall 2} $\tilde{Q}_j := Q^{ii}$; $Q_j := Q^i$ **fi**;

    $v(j) := i$;

1: **end**.

Bei 1 gilt $\bigcup_{k \in I} Q_k \subseteq F \subseteq \bigcup_{k \in I} Q_k \cup \tilde{Q}_j$.

Für $F \neq QLB$ ⇒ $F \cap \tilde{Q}_{1b} = \emptyset$.

I, v und die Folgen Q_j, $\tilde{Q}_j$ genügen den Bedingungen (5).

Beweis Formel (10) Offenbar sind die ersten beiden Zeilen richtig. Da F eine lc-Frage ist und $lc < lb$, gibt es eine A Q^i, Q^{ii} für QLB, sodaß $F \subseteq Q^{ii}$. Für die n-Fragen Q, die F treffen, gilt

$$Q = (q_1 \ldots q_i = q_i^{(F)} \ldots q_{1b}) \subseteq Q^{ii} \quad oder$$

$$Q = (q_1 \ldots q_i = * \ldots q_{1b}).$$

Dabei ist $q_i^{(F)} \neq *$ die i-te Komponente von F. Im ersten Fall ist die Anzahl der Treffer $t(n,nf,lb-1)$. Im zweiten Fall ist $Q = Q' \cup Q''$ mit den $(n-1)$-Fragen

$$Q' = (q_1 \ldots \bar{q}_i^{(F)} \ldots q_{1b}) \subseteq Q^i,$$

$$Q'' = (q_1 \ldots q_i^{(F)} \ldots q_{1b}) \subseteq Q^{ii}.$$

Die Q' treffen nicht, und die Anzahl der Fragen Q'', die treffen, ist $t(n-1,nf,lb-1)$.

<u>Beweis Formel (11)</u>   Nach Satz 1 gibt es eine Darstellung $F = \bigcup\limits_{j \in I} Q_j$, $I \subseteq LB$. Sei Q^i, Q^{ii} eine A von QLB, ferner k die kleinste Zahl aus I, also Q_k die größte der Fragen Q_j, $j \in I$. Mit $i = v(k)$ ist dann

$$Q^i = (* \ldots * \bar{q}_{v(k)}^{(k)} * \ldots *),$$

$$Q^{ii} = (* \ldots * q_{v(k)}^{(k)} * \ldots *),$$

und es gilt $Q_k \subseteq Q^{ii}$, $F - Q_k \subseteq Q^i$.

Wir betrachten 3 Klassen von n-Fragen

$$QQ_1 = (qq_1 \ldots qq_i = q_{v(k)}^{(k)} \ldots qq_{1b}),$$

$$QQ_2 = (qq_1 \ldots qq_i = * \ldots qq_{1b}),$$

$$QQ_3 = (qq_1 \ldots qq_i = \bar{q}_{v(k)}^{(k)} \ldots qq_{1b}).$$

1) Die Anzahl der Fragen QQ_1, die F treffen, ist $t(n,|Q_k|,lb-1)$. Dabei ist $|Q_k| = 2^{lc_1}$.

2) $$QQ_2' = (qq_1 \ldots \bar{q}_{v(k)}^{(k)} \ldots qq_{1b}),$$

$$QQ_2'' = (qq_1 \ldots q_{v(k)}^{(k)} \ldots qq_{1b})$$

ist eine A für QQ_2.

Es gilt $F - Q_k \subseteq \widetilde{Q}_k$ nach dem Bildungsgesetz (5).

Sei $b' = (b_1 \ldots \bar{q}_i^{(k)} \ldots b_{1b}) \in F - Q_k \subseteq \widetilde{Q}_k$;   dann ist

$$b'' = (b_1 \ldots q_i^{(k)} \ldots b_{1b}) \in Q_k,$$ denn Q_k und $\widetilde{Q}_k$ unterscheiden sich nur im Element $q_i^{(k)}$. Damit gilt: für jede Frage QQ_2', die $F - Q_k$ trifft, wird Q_k von QQ_2'' getroffen. Damit ist $t(n-1,|Q_k|,lb-1)$ die Anzahl der Fragen QQ_2, die F treffen. Wegen (10) ist aber

$$t(n,2^{lc_1},lb-1) + t(n-1,2^{lc_1},lb-1) = t(n,2^{lc_1},lb).$$

3) Die Anzahl der Treffer der Fragen QQ_3 ist $t(n,|F-Q_k|,lb-1)$.

Literatur

[CW] E. Wong u. T.C. Chiang: Canonical Structure in Attribute Based
      File Organization. Comm. ACM 14,9 (1971), S. 593

[DT] P. Dubost u. J.-M. Trousse: Software Implementation of a New
      Method of Combinatorial Hashing. Bericht Stan-CS-75-511,
      Stanford University, 1975

[H]   Th. Härder: Das Zugriffszeitverhalten von Relationalen Datenbank-
      systemen. Dissertation, Darmstadt 1975

[HH] D. Hsiao u. F. Harary: A Formal System for Information Retrieval
      from Files. Comm. ACM 13,2 (1970), S. 67

[K]   D. Knuth: The Art of Computer Programming. Vol. 3:
      Sorting and Searching, Reading, Mass., 1973

[R]   R.L. Rivest: Partial-Match Retrieval Algorithms.
      SIAM J. Comput. Vol. 5, No. 1, 1976, S. 19

[S]   Chr. Strelen: Zur Minimalzahl der Dateizugriffe bei gestreuter
      Speicherung über Sekundärschlüssel. Technische Hochschule Darmstadt
      Fachbereich Informatik, Forschungsbericht BS2 76/5, 1976

<u>VERTEILTE DATENBANKEN</u>

<u>IM KOMMUNIKATIONSSYSTEM DER FINANZVERALTUNG</u>

<u>DES LANDES NORDRHEIN-WESTFALEN</u>

T. Hoube

Rechenzentrum der Finanzverwaltung des Landes NW

Düsseldorf

Das Rechenzentrum der Finanzverwaltung des Landes Nordrhein-Westfalen hat die Aufgabe, die Finanzverwaltung durch den Einsatz der EDV zu unterstützen. Hier wurden bisher alle automatisierten Aufgaben zentral bearbeitet. Das maschinelle Verfahren ermöglichte den Übergang auf ein Gesamtbesteuerungsverfahren, bei dem Umbuchungen zwischen verschiedenen Steuerkonten einer Person möglich sind. Eine weitere Aufgabe, die ohne den Einsatz der EDV nicht lösbar wäre, ist die angestrebte Vollverzinsung der Steuerguthaben und -forderungen. Zu den Aufgaben der Steuerverwaltung kommt die Unterstützung der Bauverwaltung und des Landeshaushalts. Die folgenden Ausführungen beschränken sich auf den Bereich der Steuerverwaltung.

Aus den Erfahrungen und Hochrechnungen aufgrund der bisherigen Automatisierung ist das Konzept einer partiell dezentralisierten Verarbeitung und einer verteilten Datenhaltung entstanden. In einem dreistufigen Rechnernetz (Abb. 1) werden die Datenbanken als Partition der mittleren Stufe von Rechnersystemen zugeordnet (Abb. 2).

1. Abriß einer Ist-Analyse

1.1 Allgemeines. Bisher ist die EDV zentralisiert. Im Rechenzentrum bearbeiten 4 Großrechnersysteme (davon eins als Doppelprozessoranlage) sowie einige ältere Batch-Rechner die anfallenden Aufgaben. Die Datenerfassung findet überwiegend dezentral statt; teils bei den Finanzämtern selbst, teils in einer Außenstelle des RZ für Datenerfassung; größtenteils direkt vom Vordruck (z.B. Einkommensteuererklärung). Die Übertragung zum RZ erfolgt teils per Magnetbandtransport, teils über Datenfernverbindungen.

1.2 Funktionen. Die Aufgaben des RZ für den Steuerbereich sind wie die der gesamten Steuerverwaltung gegliedert: Als Hauptgebiete ergeben sich die Festsetzung (Berechnung) und Erhebung (Buchung, Mahnung u.a.) von Steuern. Für den Anwender - d.h. den Sachbearbeiter im Finanzamt, die Finanzkasse und den Steuerpflichtigen - gibt es folgende Berührungspunkte mit der EDV:

a) Datenerfassung von Vordrucken über Erfassungsmasken an Bildschirmterminals.

b) Datenrückgabe in Form von maschinell gedruckten und versandten Steuerbescheiden, Kontenübersichten, Kassenabschlüssen u.a.m.

c) Auskunft über Kontenbewegungen und personelle Daten eines Steuerkontos über zentral ausgedruckte und versandte Listen sowie in beschränktem Umfang über Bildschirm- und Fernschreibterminals.

1.3. Mengengerüst. Für ca. 8 Mill. Steuerpflichtige sind personenbezogene Daten zu speichern. Jede dieser natürlichen oder juristischen Personen verfügt im Schnitt über 2 Steuernummern, also buchungsmäßig getrennt zu behandelnde Konten, oft an verschiedenen Orten.

Zu jeder Steuernummer kann es für jede Steuerart und jeden Zeitraum (z.B. Monat) Steuerforderungen und dazu Zahlungen, Stundungen, Umbuchungen u.a.m. in Form von Buchungen auf Sollkonten geben. Da die rechtlichen Vorschriften für die verschiedenen Steuerarten unterschiedlich sind, sind diese "Sollkonten" (vgl. 2.4) einzeln zu führen. Das Volumen der im direkten Zugriff zu haltenden Daten umfaßt für die Buchungen ca. 2×10^9 Mill. Zeichen, für die Personendaten ca. 4×10^9 Zeichen (Netto, ohne Redundanzen, ohne Verschlüsselung der Anschriften).

1.4. DFV und zentralisierte EDV. Derzeit sind 14 Erfassungssysteme mit bis zu 32 Erfassungsplätzen über Standleitungen (2400 bzw. 4800 Baud) sowie 13 freistehende Bildschirmterminals (1200 Baud) und 6 Fernschreibterminals (300 Baud) über 10 Wähleingänge an eine Doppelprozessoranlage mit zwei vorgeschalteten Netzanschlußrechnern (Front - End - Processor) angeschlossen. An den Erfassungssystemen werden - wie über die unintelligenten Terminals - auch Sofortauskünfte vom Großrechnersystem eingeholt. Außerdem werden zentral erzeugte Drucklisten - z.B. Kassenabschlüsse - dezentral ausgedruckt.

Bei der jetzigen Organisationsform der EDV wären nach Anschluß aller Finanzämter nach konservativer Schätzung täglich 10^7 Zeichen zum Zentralrechner und $0,5.10^7$ Zeichen nach draußen zu senden. Die DFÜ-Übertragung dieser Datenmenge über 14 Leitungen von je 2400 Baud im Halb-dublex-Betrieb würde etwa 20 Stunden dauern.

1.5. Zentrale Datenbanken. Auf dem Großrechner mit DFV-Anschluß gibt es zwei Datenbanken, auf die online zugegriffen wird.

Die Grunddatei Steuer (GDS) enthält personelle Daten ("Personenkonten") für alle 105 Dienststellen. Die GDS hat z.Z. einen Umfang von 2×10^9 Zeichen. Die Verwaltung erfolgt durch einen speziell entwickelten Datenbankmanager (in Assembler). Die Speicherung in der GDS geschieht über einen "Schlüssel" möglichst gleichverteilt im Indexraum. Zugegriffen wird über eine zweistufige Verweistabelle. Bei der ca. halbjährlichen Restauration wird ein Überlaufbereich von 15 % pro Datenpage plus 10 % für Neuzugänge pro Dienststelle freigehalten. Auf diese Grunddaten greifen fast alle Verarbeitungsprogramme der Steuererhebung und -festsetzung zu. Auch das zentrale Online-Programm für die Sofortauskunft liefert Angaben aus der GDS.

Die 22 im Gesamterhebungsverfahren arbeitenden Finanzämter benötigen neben den Grunddaten Sofortauskünfte zu Buchungsvorgängen. Diesem Zweck dient die Erhebungs-Auskunftsdatei (EAK), die für diese Dienststellen die Buchungen der letzten 2 Monate enthält. Auf die EAK greift ausschließlich das Auskunfts-Programm zu. Sie ist index-sequentiell organisiert, enthält keine Überlaufbereiche und wird täglich neu aufgebaut. Die EAK enthält momentan $3,7 . 10^8$ Zeichen. Die Verwaltung erfolgt durch Standard-Software, die von Cobol-Programmen in Unterprogrammtechnik ansprechbar ist.

2. Soll-Konzept

2.1. Das Netz

Die in den letzten Jahren im DFV-Bereich gesammelten Erfahrungen und
die Hochrechnung auf die Datenmengen bei Anschluß aller Finanzämter
führte zu einer Neukonzeption für den EDV-Einsatz. Ein wesentlicher
Grund für die Hinwendung zur verteilten Intelligenz war das Ziel,
Datenerfassung und Datenausgabe zeitnah an den Arbeitsplatz zu holen.
Bei den zu verarbeitenden Datenmengen (vgl.1.3, 1.4) mußte versucht
werden, Vorverarbeitung und Komprimierung/Dekomprimierung weitgehend
draußen - vom Zentralrechner weg - vorzunehmen. Im Gegensatz zu anderen Verbundsystemen (vgl.(1)) geht es bei diesem Rechnernetz weniger darum, dem "kleineren" EDV-Benutzer "große" Computerleistungen
anzubieten, sondern einen Großrechner und die zu ihm führenden Datenwege zu entlasten. Dies geschieht durch Delegieren von festumgrenzten
Teilaufgaben. Daneben wird durch die räumliche und zeitliche Nähe
der Datenendstellen die Kommunikation der Dienststellen vor Ort mit
dem Rechenzentrum erleichtert und beschleunigt.

Das geplante Kommunikationssystem gliedert sich hierarchisch in
3 Ebenen (Abb. 1):
- zentrale Datenverarbeitung (DATAVER)
- dezentrale Datenvorverarbeitung (DATAVOR)
- dezentrale Datenendstellen (DATAEND).

Dabei sind die Funktionen eines DATAEND-Systems als Teilmenge in
DATAVOR enthalten. Jedes der 105 Finanzämter erhält ein DATAEND- oder
ein DATAVOR-System, letzteres wird in 14 Orten installiert.

DATAVER ist eine Funktion des zentralen Großrechners.

Etwa 7 DATAEND-Systeme sind direkt mit einem DATAVOR-System verbunden, diese direkt mit DATAVER. Das resultierende Rechnernetz ist
somit ein dreidimensionales Sternnetz, das im Normalbetrieb nicht
weiter vermascht ist. Alle DFV-Verbindungen sind Standleitungen (HfD).
Die Kopplungen erfolgen im HDLC-Modus, wobei der Anschluß von DATAVOR
an DATAVER über das vom Innenministerium NW zu errichtende Datenvermittlungssystem (DVS) mit der Schnittstelle X.25/3 für Paket-Ver-
mittlung vorgenommen wird. Abweichend hierzu ist für die Verbindung
DATAEND-DATAVOR entweder eine herstellereigene oder die Leitungs-
prozedur nach DIN 66019 vorgesehen. Die Übermittlung der Daten zwischen den Systemkomponenten DATAEND, DATAVOR, DATAVER wird durch

ein einheitliches Benutzerprotokoll gewährleistet, das den logischen
Aufbau von Nachrichten festlegt (vgl. 3.2). Das Benutzerprotokoll
bildet die Schnittstelle zwischen den Online-Anwendungsprogrammen
und den Dateien sowie den DFÜ-Programmen, die die Anpassung an die
Leitungsprozeduren vornehmen.

2.2. Verteilte Intelligenz

Grundgedanke bei der Verteilung der Funktionen im Netz ist, die Aufgaben so weit wie möglich an die "Peripherie" des Netzes zu verlagern.
Hieraus ergibt sich folgende Aufgabenverteilung:

An DATAEND findet die formale Prüfung der über Erfassungsbilder
eingegebenen Daten statt. In beschränktem Umfang wird hier auch eine
inhaltliche Prüfung vorgenommen (anhand fester Tabellen). Außerdem
erfolgt eine Beistellung von konstanten Feldern für die weitere Verarbeitung.

DATAVOR umfaßt die Funktionen vom DATAEND, außerdem eine umfang-
reiche Vorverarbeitung von Erfassungsdaten. Von hier aus werden in
der Regel die Anfragen der DATAEND-Systeme beantwortet.

Die Erfassungsdaten werden nach DATAVER weitergeleitet und dort
auf die verschiedenen Aufgabengebiete verteilt. Dann fließen sie den
zentralen Verarbeitungsprogrammen zu. Diese Verarbeitung beinhaltet
u.a. die Festsetzung von Steuern aufgrund der erfaßten Steuererklä-
rungen, die Steuererhebung durch das Versenden von Bescheiden, Mah-
nungen, Erstattungen sowie die Verbuchung der eingezahlten bzw. er-
rechneten Beträge. Diese Aufgaben können wegen den relativ häufigen
Änderungen sowie vielfältiger Dateien und Querverbindungen (Gesamt-
erhebung) nur auf dem zentralen Goßrechner abgewickelt werden.

2.3. Verteilte Datenhaltung

Für die beiden Gruppen von Daten (vgl. 1.5.), die nicht ausschließlich für die im Batch-Betrieb ablaufenden Verarbeitungsprogramme an
DATAVER benötigt werden, ergibt sich durch die Netzstruktur ebenfalls die Notwendigkeit der Verteilung bzw. Dopplung. Kernstück des
distributed processing in der Form einer partiell dezentralisierten
Verarbeitung und Datenhaltung bildet das DATAVOR-System. DATAVOR-
Systeme werden dort installiert, wo aufgrund organisatorischer Ar-

beitsteilung zwischen mehreren Finanzämtern besonders große Datenmengen für Erfassung und Auskunft anfallen. Die Einrichtung von "Zen-
tralstellen für Kontenführung" ist ein Schritt in Richtung einer
solchen Spezialisierung.

2.4. Datenbank der Buchungsdaten (DBD)

Die Kontendaten liegen als Ablage in sequentieller Form vor (z.Z. 35
Magnetbänder). Diese Datei wird im 2-Tages-Rhythmus fortgeschrieben.
Die Kontendaten werden nun den Benutzern des Netzes am Arbeitsplatz
zur Verfügung gestellt. Dazu wird eine zeitliche Unterteilung vorgenommen:
a) Die verjährten Daten (im allg. älter als 7 Jahre) werden aus der
   Ablage ausgesondert und auf Mikrofilm archiviert.
b) Alle jüngeren Daten stehen in einer Ablage (sequentielle Datei) zur
   Verfügung. Aus dieser Ablage können Ausdrucke größeren Umfangs
   innerhalb einiger Tage an die Dienststellen geliefert werden.
c) Aus den Ablagedaten wird eine verteilte Datenbank aufgebaut. Dabei
   werden Daten teils auf Mikrofilm bei DATAEND, teils im direkten
   Zugriff in einem Retrieval-System an DATAVOR gespeichert (Abb. 3).
Das Datenmaterial für die Datenbank bildet 3 sich überschneidende
Teilmengen. Die erste Gruppe umfaßt die Einzelbuchungen ausgeglichener
Sollkonten. Dabei besteht ein Sollkonto aus einer Steuerforderung und
allen zugehörigen Buchungen. Die Buchungen dieser Konten werden bei
einer jährlichen Kumulierung, sofern sie älter als vier Monate sind,
für jede Steuerart zu Jahressummen zusammengefaßt. Diese Jahressummen
bilden zusammen mit der zweiten Gruppe, den aktuellen Einzelbuchungen,
aus mindestens 4, höchstens 16 Monaten, den Inhalt der eigentlichen
Datenbank. Die dritte Gruppe wird gebildet aus den Einzelbuchungen
der letzten ca. 7 Jahre, die nicht mehr als Einzelposten in Gruppe
zwei enthalten sind und noch nicht verjährt sind. Diese Daten werden
bei der jährlichen Kumulierung nach DATAEND-Systemen (Finanzämtern)
getrennt mikroverfilmt und den Benutzern an DATAEND zur Verfügung
gestellt.

2.4.1. Verteilung.

In DATAVER liegen die Buchungsdaten sortiert vor.
Der zweithöchste Ordnungsbegriff"Steuernummer"enthält die Bezeichnung
des kontenführenden Finanzamtes (DATAEND). Daraus ergibt sich das zuständige DATAVOR-System. Somit läßt sich eine Partition vornehmen.

Bis auf Verweise auf der Ebene des obersten Ordnungsbegriffs "Steuerliches Koordinierungszeichen", der einen eineindeutigen Bezug zu einer "Steuerperson" herstellt, ist dies eine echte Partition. Die Verweise sind z.B. bei Umzug aus dem Bereich eines DATAVOR-Bezirks mehrfach zu speichern.

2.4.2. Online - Zugriff. Die Datenbank der Buchungsdaten (Konten) an DATAVOR bildet das Kernstück des Auskunftssystems Steuer. Die Bildwahl an den Terminals von DATAEND ermöglicht die Wahl eines Anfragebildes (Abb. 4). Wegen des beschränkten Benutzerkreises und der relativ überschaubaren Anzahl von Fragestellungen kann eine Anfrage in einem Satz gestellt werden. Die Maske des Anfragebildes an den Sichtgeräten der DATAEND-Systeme sowie eine Mindestzahl von vorzugebenden Auswahlkriterien oder Spezifikationen erzwingt eine präzise Formulierung der Anfragen <u>vor</u> dem Dialog mit der Datenbank an DATAVOR. Aus der Perspektive des einzelnen Bildschirms ergibt sich ein Dialog in der Form Anfrage - Antwort - Anfrage - Antwort u.s.w.

Die Anfrage wird als Nachricht von DATAEND nach DATAVOR weitergegeben und dort in eine Warteschlange eingereiht, die sequentiell abgearbeitet wird. Der Datenbankverwalter stellt die gewünschten Angaben zusammen und fügt die benötigten personellen Daten aus der DPD (vgl. 2.5.2) hinzu. Bereits an DATAVOR wird eine Druckaufbereitung vorgenommen. Über eine Ausgabewarteschlange wird die Antwort an das anfragende Terminal oder - falls gewünscht - auf den Drucker des DATAEND-Systems ausgegeben. In einer späteren Ausbaustufe ist vorgesehen, Anfragen eines DATAEND-Systems an ein fremdes DATAVOR über DATAVER dorthin weiterzuleiten. Anfragen werden generell während der Dienstzeit, also tagsüber, gestellt. Die bevorzugte Behandlung der Anfragen durch die DFÜ wird gewährleistet, indem diese Daten satzweise (120 - 350 Zeichen) zwischen die in größeren "Stapeln" kontinuierlich gesendeten Erfassungs- oder Druckdaten eingefügt werden.

2.4.3. Aufbau und Update. Für den Aufbau und die jährliche Kumulierung sowie eine ggfs. vorzunehmende Restauration wird von DATAVER aus den Ablagedaten eine redundante Datenstruktur aufgebaut. Diese enthält Einzelbuchungen und Jahressummen in 7 Satztypen, jeweils mit allen Sortierkriterien. Hinzugefügt wird jedem Satz die Kennzeichnung des DATAVOR, in dessen Einzugsbereich das für die Steuernummer zuständige Finanzamt und DATAEND liegt. Die Aufbaudaten werden auf

DATAVOR-Bezirke aufgeteilt und über Magnetband auf die DATAVOR-Systeme gebracht. Dort wird die partielle Datenbank aufgebaut.

Aus den Ergebnissen der täglichen Verarbeitung an DATAVER (z.B.
Festsetzung von Steuerforderungen, Verbuchungen von Einzahlungen)
werden Änderungsdaten - nach DATAVOR-Bezirken getrennt - gewonnen.
Sie werden im Format der Aufbaudaten für tägliche Übertragung über
DFÜ bereitgestellt. Die Übertragung findet in der Regel nachts statt.
Das Updating erfolgt also primär am zentralen Datenbestand und dann
abgeleitet am dezentralen.

<u>2.4.4. Speicherung.</u> Nach Beseitigung der Redundanzen und zeichen-
weiser Verschlüsselung liegt das Volumen der Buchungsdaten, die auf
allen DATAVOR gespeichert sind, vor einer Kumulierung bei 2×10^9 Zeichen in etwa 7×10^7 Sätzen und 85 Satztypen unterschiedlicher, je
Satztyp aber fester Länge. Es werden Einzelbuchungen eines Zeitraums
von mindestens 4 und höchstens 16 Monaten sowie Jahressummen der
letzten ca. 7 Jahre gespeichert. Vor der jährlichen Kumulierung erreicht der Datenbestand pro DATAVOR durchschnittlich 143 Mill. und
maximal 200 Mill. Zeichen. Auf jedes DATAVOR entfallen an Änderungsdaten täglich im Mittel 40.000 Sätze mit 2,5 Mill. Zeichen. Bei der
Bestimmung der Datenbankstruktur spielen folgende Faktoren eine Rolle:
a) Ausschließliche Benutzung durch das Online-Auskunftssystem.
b) Änderungsdienst durch eine über DFÜ übermittelte Datei.
c) Monotones Anwachsen der Datenmenge im Laufe eines Zeitraums von
   12 Monaten ohne Löschung von Sätzen (mit geringen Ausnahmen).
d) In speziellen Fällen Überschreiben von Information bei gleich-
   bleibender Satzlänge.
e) Verhältnismäßig schnelles Anwachsen; das Verhältnis von täglichen
   Änderungsdaten zur mittleren Größe beträgt etwa 1 : 100.
f) Eine Nettodatenmenge von ca. 200 Mill. Zeichen in einer Datei für
   Real-time-Zugriff an einem "Kleinrechner" ist eine Größe, die eine
   Speicherung variabler Satzlängen auf physikalischer Ebene notwendig macht.
Die aufgeführten Punkte legen eine Organisation ohne Überlaufbereiche
bei täglichem Neuaufbau zeitlich getrennt vom Online-Zugriff nahe.
Dies könnte in indexsequentieller Form mit physikalisch variabler
Satzlänge oder auf Grund des hierarchischen Aufbaus der Kontendaten
in einer echten Datenbankstruktur mit Haupt- und Untersätzen, Verket-
tungen usw. geschehen. (vgl. 4.).

<u>2.4.5. Sicherung.</u> An DATAVOR steht jeweils eine aktuelle Kopie (se-
quentiell auf Magnetband) sowie die letzte Kopie und die letzten Änderungsdaten zur Verfügung. Sind beide Kopien zerstört, erfolgt ein
Neuaufbau aus der Ablage an DATAVER. Die Sicherung der Daten während
der Übermittlung obliegt der Benutzerprozedur (vgl. 2.1, 3.2).

<u>2.4.6. Datenschutz.</u> In die Bildschirmterminals an DATAEND sind Aus-
weisleser eingebaut, die auf eine Ausweiskarte codierte Information
an die Software weitergeben. Jeder Zugangsberechtigte erhält eine
individuelle Ausweiskarte. Bei jeder Anfrage ist ein Berechtigungstyp anzugeben, der von DATAVOR gegen die Bedieneridentifikation und
die Ausweiskarte geprüft wird. Liegt eine generelle Anfrageerlaubnis
vor, wird der Berechtigungstyp im Anfragesatz nach DATAVOR weitergegeben. Dort werden die gewünschten Auskünfte anhand des Berechtigungs-
typs auf ihre Zulässigkeit überprüft. Über diesen Berechtigungstyp
wird auch das zulässige Datenvolumen der Antworten gesteuert. Zu um-
fangreiche Anfragen werden auch bei grundsätzlicher Zulässigkeit nach
DATAVER weitergegeben und zentral ausgedruckt (Richtwert : 500 Zeilen).
    Alle Programme der DATAVOR- und DATAEND-Systeme werden zentral ent-
wickelt und gewartet und über DFV versandt. In den DATAVOR und DATA-
END-Systemen sind nach Inbetriebnahme des Netzes keine Möglichkeiten
der Programmentwicklung mehr vorhanden. Für den Zugriffsschutz auf
Programme und Daten ist für den Zentralrechner ein eigenes System der
Versions-Nr.-Vergabe bzw. -Prüfung entwickelt worden, das in DATAVER
bereits erprobt wurde und auf die dezentralen Systeme ausgedehnt wird.
Alle Datensätze der Datenbank für Kontendaten enthalten eine Identifikation der anweisenden Stelle und des Rechenlaufs der zentralen
Verarbeitungsprogramme. Hierdurch ist jederzeit die Möglichkeit der
Überprüfung einzelner Buchungen gegeben. Um eine Divergenz zwischen
den Partitionen und dem Gesamtbestand in der Ablage auszuschließen,
findet eine fortlaufende Satzsummen- und Rechenlaufnummernkontrolle
statt.

<u>2.5. Datenbank für personelle Daten (DPD)</u>

Für personenbezogene Daten existiert bereits eine Datenbank an DATA-
VER (vgl. 1.5). Wie bei der DBD wird eine Partition vorgenommen, jedoch ohne eine Kumulierung. Neben diesen Teilabbildungen bleibt die
zentrale Datenbank in einer für direkten Zugriff geeigneten Form er-

halten.

2.5.1. Verteilung. Die zentral geführte Grunddatei Steuer wird so
auf die DATAVOR-Systeme abgebildet, daß die Teilabbildungen Projektionen sind, d.h.: in jedem DATAVOR-System wird die Datenmenge gespeichert, die

a) zumindest teilweise in den Zuständigkeitsbereich der angeschlos-
   senen DATAEND-Systeme fällt und

b) für die Vorverarbeitung der Erfassungsdaten für Festsetzung und
   Erhebung oder

c) für die Befriedigung des Informationsbedürfnisses (Anfragen)
benötigt wird.

Bei einer Gesamtzahl von 8 Mill. Personenkonten ergibt sich pro
DATAVOR ein Netto-Volumen von durchschnittlich 2,8 x 10^8 und maximal 4 x 10^8 Zeichen.

2.5.2. Zugriff. Auf die DPD wird vom Auskunftssystem für die Bereitstellung personeller Daten zugegriffen (vgl. 2.4.2). Jedoch kommt
hier eine wesentliche Funktion hinzu: Die Erfassungsdaten werden vor
dem Durchschleusen nach DATAVER einer weitgehenden Vorverarbeitung
unterzogen. Anhand der "Merkmale" und "Signale" für die Besteuerung
sowie Personenstands- und Firmendaten kann der größte Teil der Plausi-
bilitätsprüfungen an DATAVOR abgewickelt werden. Hierdurch kann die
Mehrzahl der Anweisungs- und Erfassungsfehler bereits nach kurzer
Zeit korrigiert werden (durch Rücksendung und Fehleranzeige nach DA-
TAEND). Auch bestimmte finanzamtsweise vorzunehmende Auswertungen
(z.B. Auswahl aller Gewerbesteuerfälle einer Gemeinde) können in beschränktem Umfang bereits an DATAVOR abgewickelt werden - als Aus-
nahme vom Prinzip der zentralen Verarbeitung (vgl. 2.2).

2.5.3. Aufbau und Änderungsverfahren. Der Aufbau der verteilten DPD
erfolgt durch Partition der Grunddatei Steuer (GDS) an DATAVER - ana-
log zum Verfahren bei der DBD (vgl. 2.4.3). Die Änderung eines Per-
sonenkontos kann auf 2 Arten erfolgen:

a) Erfassungsdaten werden von DATAEND über DATAVOR nach Vorprüfung
   zu DATAVER weitergegeben. Dort stellen Verarbeitungsprogramme die
   Änderungen für die zentrale GDS und für die einzelnen DPD an DA-
   TAVOR bereit. Parallel zum täglichen Update der GDS werden die
   Änderungsdaten nach DATAVOR gesandt und in einem täglichen Update-

Lauf - zeitlich getrennt von Erfassungsvorverarbeitung und Auskunftsbetrieb - in die DPD eingebracht.

b) Nach Einholen einer Auskunft von DATAEND können bestimmte personelle Daten (z.B. Änderung der Anschrift) direkt vom Terminal an
DATAEND eingetragen werden (Online-Update, keine Datenerfassung).
Diese Änderung wird an DATAVOR jedoch nicht eingearbeitet, sondern
nur soweit möglich auf Zulässigkeit geprüft. Der Änderungsstatus
wird vermerkt, die Änderung in das Erfassungsformat umgesetzt und ʳ
nach DATAVER weitergegeben. Nach dem Update der zentralen GDS wird
mit den täglichen Updatedaten auch die Online-Änderung nach DATA-
VOR zurückgeschickt und endgültig eingespeichert. Durch dieses
Verfahren wird gewährleistet, daß die dezentralen Dateien stets
derivative Abbildungen der zentralen Datei sind.

2.5.4. Speicherung. Für die zentrale Datenbank an DATAVER (GDS)
wurde ein Datenbankmanager entwickelt, der die Möglichkeiten des Direkt-
zugriffs (random) mit denen des indexiert-sequentiellen verbindet.
Die Anschriften sind in 7 Worttypen verschlüsselt. Geht man von einem
analogen Verfahren für die Projektionen an DATAVOR aus, so ergibt
sich ein Netto-Gesamt-Volumen von 2×10^9 Zeichen. Die Verschlüsselung von Anschriften hat sich jedoch in der Praxis nicht in dem
erhofften Maß bewährt. Das Speichervolumen verhält sich nicht asymp-
totisch wie zunächst angenommen. Denn es ist mit vertretbarem ad-
ministrativem und EDV-technischem Aufwand nicht möglich, alle unterschiedlichen Schreibweisen und Abkürzungen eines Namens zusammenzufassen. Bei unverschlüsselter Speicherung der Anschriften und Optimierung durch Schaffung mehrerer Satztypen unterschiedlicher Länge
und logisch gleichen Inhalts ergibt sich je DATAVOR eine maximale
Größe der DPD von 4×10^8 Zeichen ohne Overhead. Das Updaten der
DPD wird im Gegensatz zur DBD (vgl. 2.4.4) durch Fortschreiben und
Restaurieren nur in größeren Abständen vorgenommen. Für dieses Verfahren spricht die relativ geringe Änderungsfrequenz eines Personen-
kontos - je Tag und DATAVOR ca. 2500 Sätze.

2.5.5. Sicherung, Datenschutz. Datensicherungsverfahren und Vorkeh-
rungen zum Schutz der Daten vor unbefugtem Zugriff oder Veränderung
decken sich mit denen bei der DBD (vgl. 2.4.5 und 2.4.6).

3. Basismaschine

3.1. Hardware. Bei der Hardware-Auswahl spielt neben Funktionalität
und Preis die Kompatibilität von Hard- und Software eine wesentliche
Rolle. Für alle Systemkomponenten wird ein HDLC-Anschluß gefordert.
Ein separater asynchron arbeitender DFÜ-Prozessor ist für die Online-
Anwendung von Bedeutung.

Für die Übernahme der Funktionen von DATAVER steht ein Großrechner
zur Verfügung. Die derzeitige Konfiguration umfaßt eine Doppelprozessoranlage ausschließlich für den Produktionsbetrieb mit 4 Mega-
Byte Hauptspeicher, 28 Magnetbandstationen, 37 Wechselplattenstati-
onen von 100 bzw. 200 Mega-Byte. Der DFÜ-Anschluß erfolgt über zwei
abgesetzte Front-End-Processoren mit je 2 100-Mega-Byte-Platten zur
Journalisierung (Zwischenspeicherung) der DFÜ-Daten.

Für DATAVOR ist aus Gründen der Ausfallsicherheit eine Doppelprozessoranlage vorgesehen, jede mit 256 Kilo-Byte Speicher, einer Ma-
gnetplattenkapazität von 900 - 1200 Mega-Byte, MB-Station und Drucker.

Alle DATAEND-Funktionen werden auch von DATAVOR erfüllt. Es sind
bis zu 14 Bildschirmerfassungsplätze, Platten bzw. Disketten zur
Zwischenspeicherung der Erfassungs- und Auskunftsdaten sowie ein Druk-
ker vorhanden. Die Hauptspeichergröße liegt bei etwa 128 Kilo-Byte.

3.2. Software. Die Software des Kommunikations-Systems wird einheit-
lich aufgebaut. Die Einheitlichkeit wird z.T. durch das Benutzerprotokoll gewährleistet (vgl. 2.1). Die Datenübermittlung wird durch
Festlegung von 3 Nachrichtenformaten geregelt:
a) Nachrichten mit fester Feldanzahl und fester Feldlänge.
b) Nachrichten mit variabler Feldanzahl und fester Feldlänge.
c) Nachrichten mit variabler Feldanzahl und variabler Feldlänge.
Von der Verwendung dieser Formate in den einzelnen Anwendungen hängt
die Belastung von DATAVER (bei zeichenweiser Verarbeitung) und den
Leitungen (bei redundanten Feldern) ab. Dieses Problem ist vergleich-
bar mit dem der Auswahl der Datenbankstrukturen (Rechenzeit gegen
Speicherplatz). Die Programmpakete für Datenerfassung an DATAEND und
DATAVOR sind auf Benutzerseite identisch. Alle Rechner sind in Hoch-
sprachen (Cobol, Fortran, Coral) programmierbar. Zumindest eine Auf-
wärtskompatibilität der Compiler mit dem Ziel vollständiger Kompatibilität wird gefordert. Unter diesen Voraussetzungen kann Programmentwicklung und -pflege zentral auf DATAVER (bzw. auf einem ausgesuch-

ten DATAVOR) stattfinden - zumindest für den Bereich der Datenbanken
und des Auskunftssystems. Es wird angestrebt, möglichst weitgehend
Standardsoftware - auch für die Datenbanken - einzusetzen (vgl. 2.4.4).

Für die Auswahl der geeigneten Datenbank-Software sind folgende
Kriterien zu beachten:

a) Speichervolumen.

b) Zugriffszeit bei Online-Abfragen.

c) Dauer des Updatelaufs im Batchbetrieb.

zu a) Das Speichervolumen ist stets im Zusammenhang mit einer
konkreten Hardware-Konfiguration zu sehen. Bei der vorliegenden Anwendung wird von Magnetplatten mit einer Kapazität von 300 Mega-Byte
ausgegangen. Damit wäre das Datenvolumen der beiden Datenbanken an
jedem DATAVOR-System bei Eliminierung der wesentlichen Redundanzen
auf 2 Magnetplatten zu speichern.

zu b) Ausgehend von einer Bearbeitungszeit von insgesamt 3 Minuten
je Anfrage am Bildschirm und max. 50 Auskunftsplätzen je DATAVOR ergibt sich eine zulässige Bearbeitungszeit an DATAVOR für eine Anfrage
von 3,6 sec. Aus arbeitspsychologischen Gründen sollte allerdings die
Gesamt-Responsezeit für den Benutzer im Mittel bei 1,5 sec liegen
(vgl. (9)). Dieser Wert scheint jedoch schwer erreichbar.

zu c) Das Updating erfolgt zeitlich getrennt vom Auskunftsbetrieb.
Zentrale Verarbeitungsprogramme, Bereitstellung der Updatedaten, Da-
tenfernübertragung und Änderungsläufe an DATAVOR werden täglich zwischen 18.00 Uhr und 7.30 Uhr abgewickelt. Bei verspätet beendetem
Update kann der Auskunftsbetrieb nur verspätet begonnen werden.Beim
sequentiellen Update durch Neuaufbau für die DBD wird die Laufzeit
wesentlich durch den Datentransfer von Platte zu Platte bzw. Band
zu Platte bestimmt.

Eine Realisierung mit einem kommerziellen Datenbanksystem, das
sich stark an der Codasyl-Empfehlung orientiert, erscheint möglich.

Im Bereich der DFÜ ist durch landesgesetzliche Regelung ein Anschluß von DATAVOR an DATAVER über das Datenvermittlungssystem des
Landes NW (vgl. 2.1) mit der Benutzerschnittstelle X.25/3 festgelegt.
Bei der gesamten Softwareerstellung in Zusammenarbeit von Hersteller
und Anwender wird nach einem zwölfstufigen Systementwicklungsver-
fahren vorgegangen.

4. Entwicklungsstand der Benutzermaschine

In der Entwicklung des gesamten Projektes wurde im Februar 1978 die
Stufe 4 "Systemvorgabe" abgeschlossen, verbunden mit einer detail-
lierten Schnittstellenbeschreibung zwischen DATAVOR und DATAVER, sowie zwischen DATAEND und DATAVOR. Die Systemvorgabe beinhaltet eine
verbale Beschreibung der Funktionen und Abläufe auf einer mittleren
Abstraktionsebene - einschließlich Mengengerüsten und Entscheidungs-
tabellen mit Regeln für organisatorische und programmierbare Abläufe.
Auf der Grundlage der hierbei erstellten Systembeschreibung, die sukzessive zur vollständigen Dokumentation der fertigen Programmsysteme
erweitert wird, wird der personelle und zeitliche Aufwand für die
weitere Entwicklung abgeschätzt. Als nächster Schritt wird die Aufteilung in einzelne Programme und Module vorgenommen.

Die Systemanalyse - Beschreibung aller Funktionen und Abläufe,
Gliederung in Module und Programme - wird vor Mitte d.J. abgeschlossen sein.

Mit der Entwicklung der Benutzermaschine des Auskunftssystems
wurde Anfang 1977 begonnen.

Die Funktionen Datenerfassung und Auskunft an DATAEND mit Direkt-
anschluß an DATAVER werden im Februar 1978 im wesentlichen realisiert
sein. Bis Mitte des Jahres sollen etwa 20 DATAEND-Systeme installiert
werden.

Für Dezember 1978 ist eine Funktionsprüfung des gesamten Auskunftssystems mit voller Funktionalität der Datenspeicherung an DATAVOR
geplant.

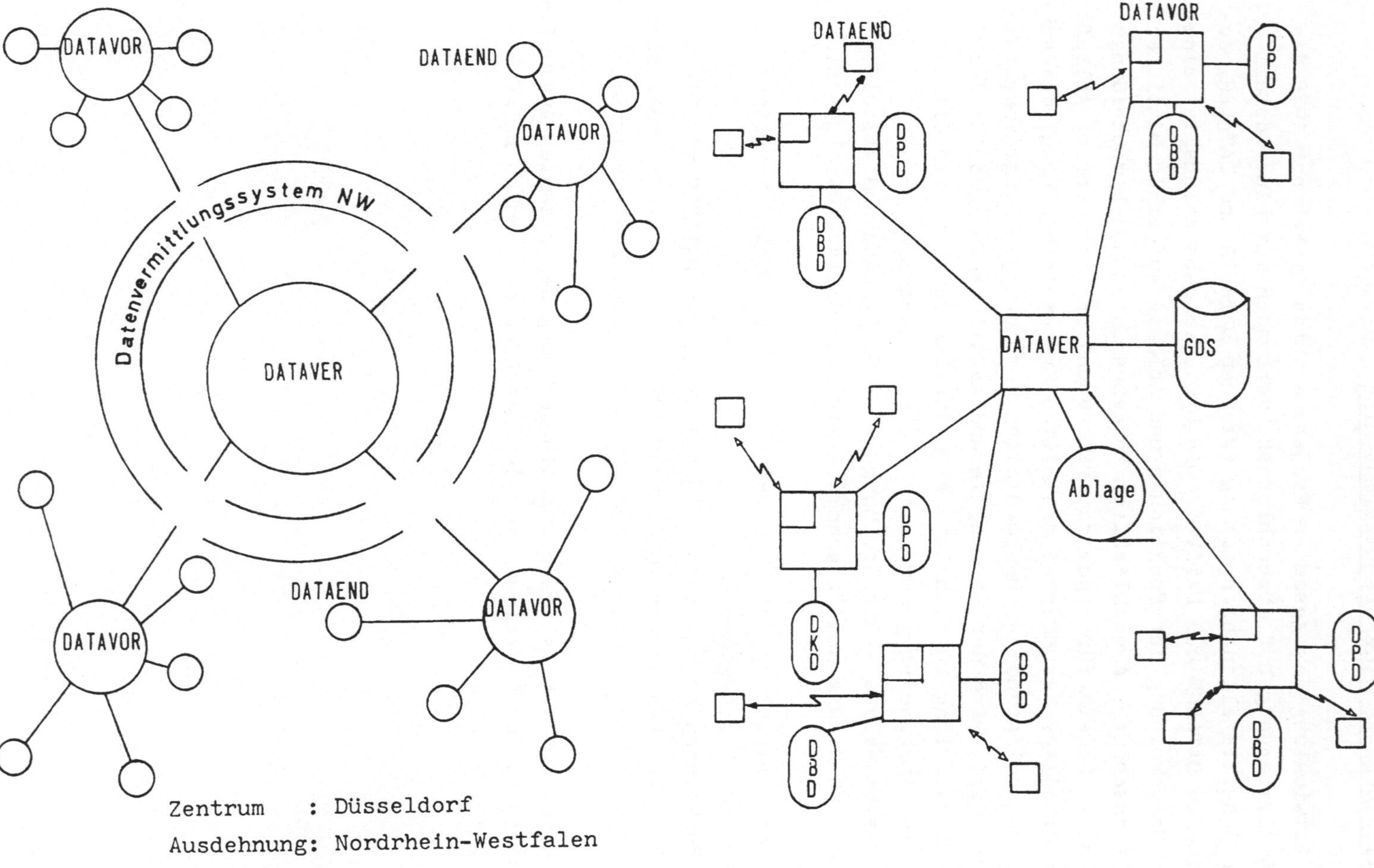

Zentrum   : Düsseldorf
Ausdehnung: Nordrhein-Westfalen

Abb. 1 : Das Rechnernetz

Abb. 2 : Verteilung der Datenbanken

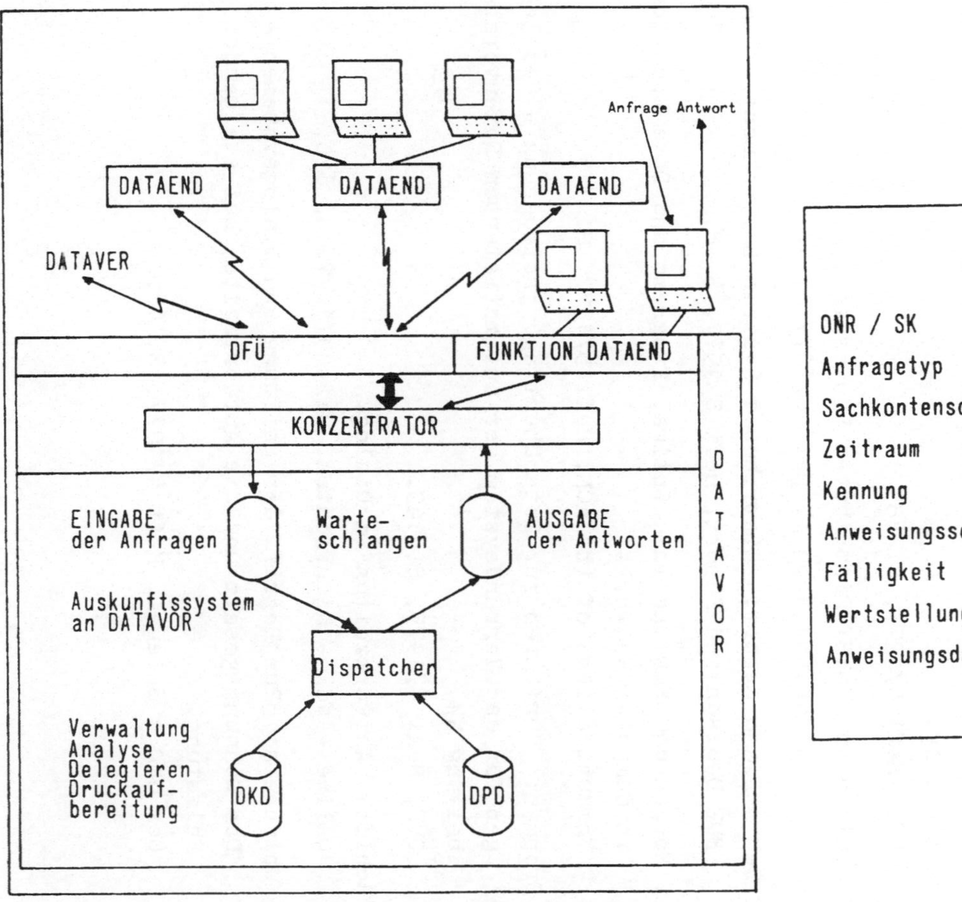

Abb. 3 : Das Retrievalsystem an DATAVOR

Abb. 4 : Datenbankabfrage am Bildschirm

Literaturhinweise

1. E. Grochla, H. Weber und H. Gürth: Kleincomputer in Verbundsystemen - Organisatorische Gestaltung und Anwendung - For-
   schungsbericht des Landes NW.
   Westdeutscher Verlag GmbH, Opladen 1976

2. Bundesministerium des Innern: Einheitliche Datenübermittlungs-
   verfahren nach DIN 66019 für die öffentliche Verwaltung
   der Bundesrepublick Deutschland, März 1977.

3. Bundesministerium des Innern: Treffen über Rechnernetze in der
   öffentlichen Verwaltung - Stand und Entwicklungsschwer-
   punkte - am 24. und 25. Mai 1977 in Darmstadt.

4. H.-P. Boell: Datenfernübertragungsnetze - eine Komponentendar-
   stellung.
   NTZ, Heft 6/1977, S. 483

5. IDC Deutschland GmbH: Distributed Processing.
   EDP Deutschland Report, Heft 8/1977,S. 1.

6. IDC Deutschland Report: Distributed Systems Environment.
   EDP Deutschland Report, Heft 8/1977, S. 8.

7. H.L. Morgan und K.D. Levin: Optimal Programm and Data Locations
   in Computer Networks.
   Communications of the ACM, Heft 5/1977, S. 315.

8. E. Dropman: Verfahren zur Datenübertragungssteuerung - Festlegen für das Verbundsystem der automatisierten Datenverarbeitung NW.
   ÖVD, Heft 4/1975, S. 149.

9. S. Rohlfs: Antwortzeiten im Dialog.
   Online - adl - nachrichten, Heft 9/1977, S. 676.

10. H. Mühlenbein: Zum Begriff der Leistung von Dialogsystemen -
    Das Dehnungsgesetz und die Antwortzeiten bei steigender
    Belastung.
    Der GMD - Spiegel, Heft 4/1977, S. 16.

A REMOTE DATA ACCESS SYSTEM IN THE HMI COMPUTER NETWORK

Butscher, B., L.-Bauerfeld, W., Popescu-Zeletin, R.

Hahn-Meitner-Institut für Kernforschung Berlin GmbH
Department of Computer Science and Electronics
Working Group: HMI-Computer Network
Glienicker Straße 100, D-1000 Berlin 39

Abstract

In order to perform the distributed EDP tasks in a research institute
a computer network was designed and installed in the Hahn-Meitner-
Institut for Nuclear Research in Berlin. A general overview of this
network (HMI-NET) and its facilities is presented. The paper reviews
problems and possible design concepts of a remote data access system
in a heterogeneous network. The adopted solution for the HMI-NET and
its most important design characteristics are discussed.

1. Introduction

A cooperation of the Hahn-Meitner-Institut for Nuclear Research and
Siemens AG, sponsored by the German Ministry for Research Technology
(BMFT) has led to the development of the computer network being under
consideration. This development has achieved a star-shaped computer
network - the HMINET, which has been operating since 1976.

The network connects a large number of process control computers of
different manufacturers and two time-sharing mainframes (SIEMENS 7.755
and 7.748) via a central packet switching node (SIEMENS 330) using
high speed data lines (up to 200 KB/s). The process control computers
serve as data acquisition devices for nuclear physics and radiation
chemistry experiments. A more complex connection structure is planned,
especially the installation of an interconnecting link to an external
network in Berlin (BERNET), which will connect research institutes and
university computing centers.

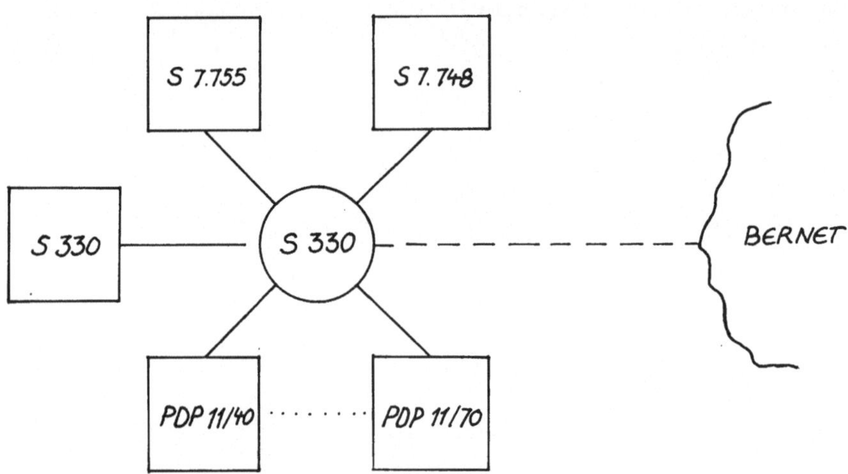

The network offers several basic functions such as:

- DIALOG   permitting remote terminal access, defined as access to the
              time-sharing hosts from all terminals connected to the net-
              work

- IPC   permitting inter-process communication between programs
              running on different hosts

- RFT   performing the transfer of files between different file
              storage devices in the network.

An overview of the network protocol structure is given in the following figure:

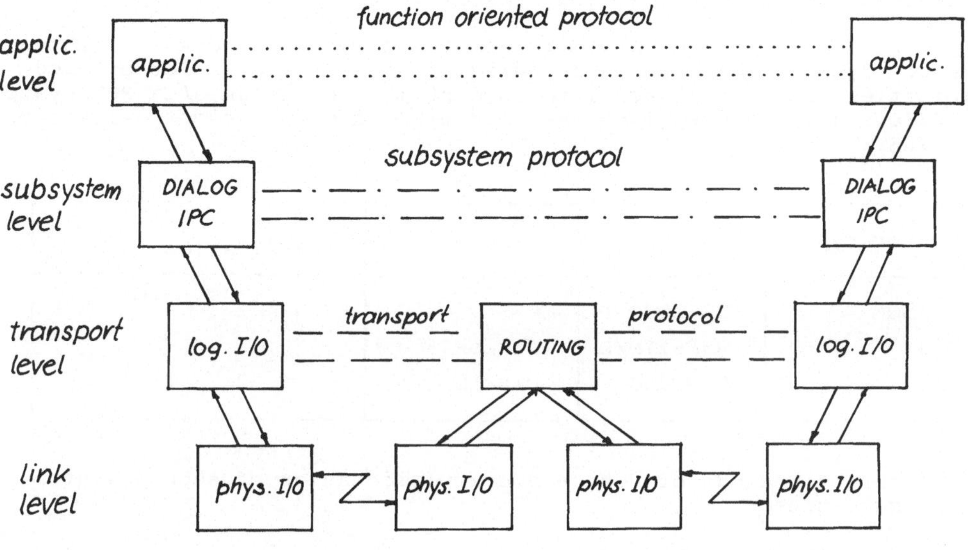

On link and transport level the SIEMENS NEA2 protocol is used for a datagram service. The software in the subsystem level provides the above mentioned basic functions for the user.

2. Remote Data Access in Heterogeneous Networks

As a new basic function on application level the Remote Data Access
(RDA) should close the gap concerning the user's need to access remote
stored data records. The RDA system yields an additional quality of
the network as "resource sharing network".

Due to the fact that the HMINET is a heterogeneous network with three
different types of machines and operating systems (OS) a lot of incompatibilities are to be taken into account in the design of a RDA system.
The following table describes the hardware and software composition of
the HMINET:

computer type	OS	DMS	no. of installations
S 7.700	BS 2000	DVS	2
PDP 11	RSX-11M/D	files-11	15
S 330	ORG 330	BIBEAS	2

Four different methods of design and implementation of such a system
seem to make sense:

a) Partitioning into homogeneous subnets.

A homogeneous subnet is defined as that part of a heterogeneous network
which connects computers with compatible attributes for a certain function or application. Semantics and syntax of all operations and actions
with respect to the Data Management Systems (DMS) are the same. The
only new information which are necessary for the RDA system are:

- file location (host identification)
- information about user access rights on the remote host
  if needed.

A restrictive communication with respect to the RDA is allowed in the
network and the resource sharing is reduced to a part of the network.
No data representation problems or incompatibilities with respect to
different access methods arise in this approach.

b) Emulation to a central Data Management System.

This concept represents a master-slave system, wherein several independent masters communicate with one slave. The location of the selected slave DMS depends on the topology of the network, transport costs,
predictable user requirements and the processing capability of the
central Data Management System. There are two user interfaces, a local
one and a remote one. An incompatibility caused by different data representations is added by this method if the local host is not of the
same type as the slave one. Data conversion routines are to be implemented so that no difference appears for the user between the remote
physical data representation and his local one. A low degree of reliability (due to the single dedicated system), a possible slowdown during
extensive network traffic are the disadvantages to be taken in account.

c) Emulation to all Data Management System types.

As an extention to the above solution an emulation to all DMS types
has the advantage of a complete data access with respect to the RDA
system. For n types of DMS there are to implement n(n-1) different
RDA protocols. All facilities, functions and possible DMS resources
can be offered to the user. A large amount of coding, an extensive
user interface - the user must be familiar with all DMS interfaces -
are some of the disadvantages of this solution. Probably this approach
is generally useful for networks with a low degree of heterogenity.

d) A netwide Data Management System.

Due to the disadvantages of the above proposals a new netwide data
management system with well defined data structures seems to be a
better approach. Based on these data structures common operations with
uniform interface for all users have to be defined. With this netwide
DMS the network gains a new quality as a large multiprocessing system
with parallel access and operations on data. The consequences as accounting, access rights, data privacy and security, synchronization of
accesses, incompatibility with access to the existing files are problems to be solved and make this approach probably to remain desirable.
The last approach is to be considered in co-operation with manufacturers
by achieving standards with respect to the data management systems and
data handling.

3. The RDA system in the HMINET

In dependence on the user requirements, network goals, topology and
composition of the HMINET we started to evaluate the third approach
of chapter 2. The low degree of heterogenity of the HMINET is an argu-
ment to choose the above method. A disadvantage is the fact that the
user has for each emulated DMS system a different interface. In the
designed approach we tried to find common characteristics of the emulated systems and also to take in consideration special attributes of
each DMS in the definition of the user-RDA interface. The proposed
RDA system offers the user the possibility to reach a set of defined
standard DMS facilities in the network through a common interface which
can be extended by parameters for special remote DMS functions.

The following general RDA structure is proposed:

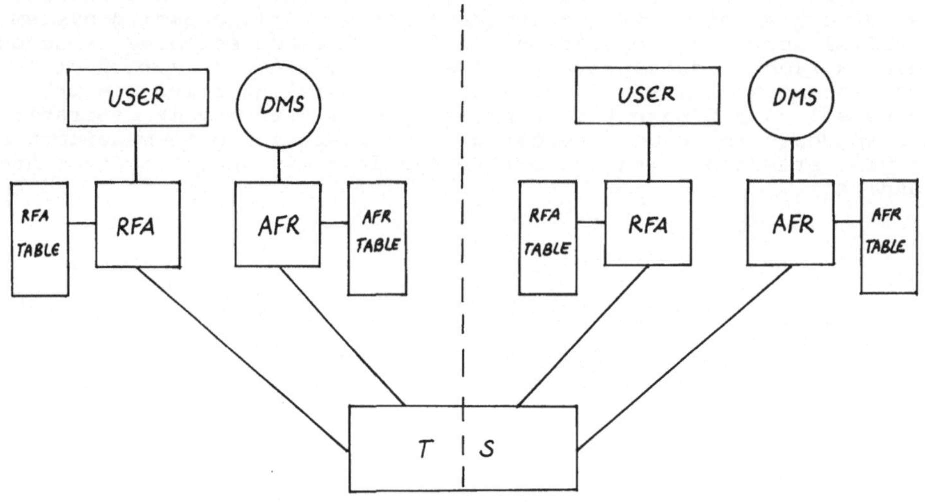

RFA	remote file access
TS	transport system
AFR	access from remote

In the communication between a user and a remote file there are two
participating processes, one on the user host: RFA and one in the
file residing host: AFR. The communication user/remote file is realized
with the help of a "coded connection (CC)" which results as the combination of a user /RFA local connection number (LC) and a AFR/file local
connection number. The two LCs are controlled by the RFA and AFR processes, they are unequivocal on each host, and define an unequivocal end-
to-end connection user/remote file (CC).

Following tasks are to be accomplished by the two processes:

RFA   - interpretation of the primitives
       - administration of the RFA table
       - generation of messages to be sent to the AFR

>   - reception and interpretation of AFR messages, dispatching
>   data, control information and return codes to the users
>
> AFR   - reception and interpretation of RFA messages
>   - creation and updating the entries in the AFR table
>   - conversion of the RFA messages into local DMS operations
>   - generation and sending messages to the RFA's conform to
>   the defined protocol

3.1 The RDA Protocol

There are several <u>phases</u> which are nested and characterize the RDA
protocol:

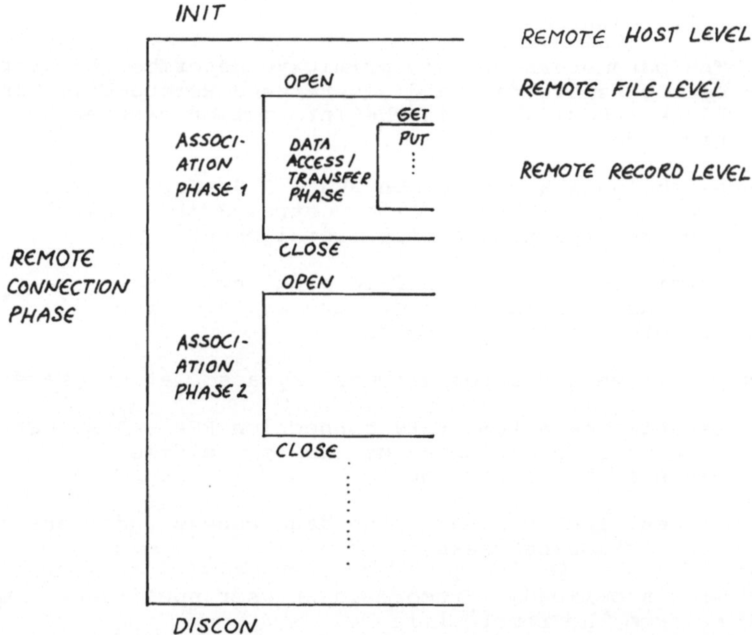

The first phase - the remote connection phase ensures the connection
user - remote host. Information about user rights on the remote host
and about the resources which should be allocated and guaranteed by
the RDA system for the user are the characteristics of this protocol
phase.

In the next - the association phase - a connection user-remote file
is established. Several association phases are possible during a remote
connection phase depending on the allocated resources.

In the third - the data access and transfer phase - records are read
or write from or to the remote DMS.

The user program communicates with the RDA system with a set of primitives which define the frame of the RDA protocol. Following primitives are proposed as the <u>user/RDA interface</u>.

a) Initialization primitives: they define the remote connection phase and perform the following functions:

INIT
- defines the user access rights on the remote host
- allocates a resource set in the RDA-system
- establishes buffer conventions between RFA and AFR.

DISCON
- terminates remaining association phases
- releases the resource set
- ends the remote connection phase.

b) Control primitives: they belong to the association phase and operates in the following manner:

RFCB
- The parameters of this primitive describe the attributes of the remote file and generates a Remote File Control Block (RFCB) which is the information carrier between user and remote DMS.

ROPEN
- establishes a connection RFA - AFR (CC)
- transfers the Remote File Control Block to AFR
- prepares the remote file (local open)

RCLOSE
- terminates the remote file handling
- returns information about the state of the file
- cancels the connection (CC)

The status primitive generates a temporary association phase:

RSTAT
- establishes a temporary connection RFA - AFR (CC)
- returns information about the remote file
- cancels the connection

c) Action primitives: they belong to the data access and transfer phase and perform the following tasks:

RPUT
RGET
- writes or reads a record in an user specified format to or from the remote file

RCNTR
- controls the remote file (pointer position etc.)

The files are accessed via common functions which are translated locally into functions specific to each DMS.

The exchanged messages between RFA and AFR processes have the following form:

S	FC	CC	INFORMATION PART

S   = sender of the message (RFA or AFR)
FC   = function code as defined by the primitive
CC   = coded connection
information
part   = RFCB, return codes or data part respectively to the function code

3.2 Data Representation

Most incompatibilities in a Remote Data Access system are due to the
different interpretation of physical data. Distinct data representations for each filing system lead to requirements of additional information in a RDA system in comparison with a local DMS.

A file is a particular data structure. Its elements may be organized
into logical structures called records. The elements of a record are
collections of bits arranged according to an explicit or implicit format as:

- bits
- characters
- integers
- real numbers etc.

These formats are not the same on each machine and normally a new
set of physical data formats appears together with every new operating
system type connected to the network.

There are two ways to solve these incompatibilities:

- declaration of a netwide standard set of formats.
  On every host translation from standard to the local interpretation
  has to be done if the standard and the local representation are not
  the same. Precision loss for certain systems or overhead for others
  must be taken into account.

- permission of all present kinds of data representations in the network.
  Conversion routines must exist in every host to convert from all
  present data representation types into the local representation.

Source of the information "what has to be converted into what" can be:

- the user: he has to specify the format of the data elements in the
  record in his action primitives.

- the file itself: records with internal data format specification
  are stored in a new type of file. Due to their new semantic these
  files are netwide accessable with respect to data representation.
  New incompatibilities between such self-defining files and local
  files arise. (Programs which will locally access a self-defining
  file have to access it only through the RDA system.)

Comparing the above solutions we decided to permit all data representations in the network and to make the user responsible for the specification of the format of the data elements in the record. This specification is done by format parameters in the RGET and RPUT primitives.

A further development will meet the definition of a self-defining file.
The influence of these development on the RDA protocol is to be found
in the proposed definition of the data part in the RDA messages.

```
1   (DATA PART)             ::=  (DATA HEADER)(DATA)
2   (DATA HEADER)           ::=  (DATA HEADER LENGTH)(HEADER)
3   (DATA HEADER LENGTH)    ::=  BB
4   (DATA)                  ::=  (DATA LENGTH)(RECORD)
5   (DATA LENGTH)           ::=  BB
6   (RECORD)                ::=  B / B(RECORD)
```

```
7   (HEADER)                   ::=  (REP)(TYPE)/(REP)(TYPE)(HEADER)
8   (REP)                      ::=  BB
9   (TYPE)                     ::=  BB
```

The following semantics of the bytes B in the above definition is
assumed:
a) in the rules 3 and 5 the length in bytes and in the rule 8 the
   repetition factor are computed as:
   first byte * 256 + third byte
   A maximal length or repetition factor of 255*256+255=64K can be
   represented.
b) in the rule 6 B is any bit combination in a data byte
c) in the rule 9 BB represents the coded data element type respective
   to each machine type (e. g. integer, real, character, bit string,
   etc.)

3.3 Data Transfer

Normally, for a better efficiency the DMS transfers physical blocks
between file supporting devices and memory. For each read or write
of a record in a user program an entire block is read or written from/
to device and the record handling is up to the DMS. An increase of
velocity of the RDA system must be expected on adopting this method.

Due to the fact that the block sizes are different in the local file
systems, additional incompatibilities are to be taken into account.
The expense of coding for the additional on block-level the fact that
such transfer seems to make sense only for sequential access and the
expense of time for the organization of the records into and from the
transfered blocks are disadvantages which led to the decision that a
record transfer and access is more effective for the RDA system in
the HMINET.

Another possibility to increase the velocity of the RDA system is to
allow an asynchronous record transfer (e. g. windowing). The influen-
ces of such a transfer on the protocol is the subject to a further
examination.

4. Conclusion and future developments

The present paper assumes the existence of some form of transport
system in the network and focuses attention upon higher level protocol design issues for a RDA component. The protocol provides mechanism
for supplying arguments to remote functions and for retrieving their
results; it also defines a number of data types which are used in the
network environment. The set of data types is sufficient to conveniently
model a large class of data formats, but since need for additional data
types will arise with new applications or new operating systems, this
set remains open ended. Restart and checkpointing techniques, compres-
sion and decompression of the transfered records and the influence on
the defined protocol are to be focused in a next step.

New applications as Remote Job Entry or Remote Spool which can use
the RDA system for data transfer in the HMINET environment are in
discussion.

Studies about efficiency, costs and performance are subjects for
future investigation.

5. References

1   L.-Bauerfeld, W., Strack-Zimmermann, H.
     The Hahn-Meitner-Institut Computer Network
     Workshop on Data Communication, IIASA, Sept. 1975

2   Danthine, A. S.
     Host-Host Protocols and Hierarchy
     Workshop on Data Communication, IIASA, Sept. 1975

3   Crocker, S. D. et al.
     Function Oriented Protocols for ARPA Network
     AFIPS SJCC 1972

4   Haibt, L. V., Mullery, A. P.
     Data Descriptive Language for Shared Data
     IBM Research Report 3476, Aug. 1971

5   White, J. E.
     A High-Level Framework for network-based resource
     sharing
     National Computer Conference 1976

6   Langsford, A.
     File Transfer and File Access Protocols
     A.E.R.E. Harwell

7   Holler, E.
     Koordination kritischer Zugriffe auf verteilte
     Datenbanken in Rechnernetzen bei dezentraler Überwachung
     KFK Bericht Nr. 1967, IDT Karlsruhe 1974

8   Butscher, B., L.-Bauerfeld, W., Popescu-Zeletin, R.
     A Study on Remote Data Access in Heterogeneous Computer
     Systems
     GI-Fachtagung, Karlsruhe, April 1978

VERZEICHNIS DER AUTOREN

H. Breitwieser   Kernforschungszentrum Karlsruhe, Institut
                        für Datenverarbeitung in der Technik,
                        Postfach 3640, 7500 Karlsruhe 1

B. Butscher   Hahn-Meitner-Institut für Kernforschung
                        Berlin GmbH, Bereich Datenverarbeitung
                        und Elektronik, Glienicker Straße 100,
                        1000 Berlin 39

M. Domke   Gesellschaft für Mathematik und Datenver-
                        arbeitung mbH Bonn, Institut für Informa-
                        tionssysteme, Postfach 1240,
                        5205 St. Augustin 1

O. Drobnik   Kernforschungszentrum Karlsruhe, Institut
                        für Datenverarbeitung in der Technik,
                        Postfach 3640, 7500 Karlsruhe 1

W. Hartwig   Lehrstuhl D für Informatik der TU Braun-
                        schweig, Postfach 3329, 3300 Braunschweig

E. Holler   Kernforschungszentrum Karlsruhe, Institut
                        für Datenverarbeitung in der Technik,
                        Postfach 3640, 7500 Karlsruhe 1

T. Houbé   Rechenzentrum der Finanzverwaltung des
                        Landes Nordrhein-Westfalen, Roßstraße 131,
                        4000 Düsseldorf 30

C. Keil   Kernforschungszentrum Karlsruhe, Institut
                        für Datenverarbeitung in der Technik,
                        Postfach 3640, 7500 Karlsruhe 1

U. Kersten   Kernforschungszentrum Karlsruhe, Institut
                        für Datenverarbeitung in der Technik,
                        Postfach 3640, 7500 Karlsruhe 1

W. L.-Bauerfeld   Hahn-Meitner-Institut für Kernforschung
                        Berlin GmbH, Bereich Datenverarbeitung
                        und Elektronik, Glienicker Straße 100,
                        1000 Berlin 39

V. Linnemann   Lehrstuhl D für Informatik der TU Braun-
                        schweig, Postfach 3329, 3300 Braunschweig

R. Munz   Institut für Angewandte Informatik der
                        TU Berlin, Otto-Suhr-Allee 18/20,
                        1000 Berlin 10

R. Popescu-Zeletin   Hahn-Meitner-Institut für Kernforschung
                        Berlin GmbH, Bereich Datenverarbeitung
                        und Elektronik, Glienicker Straße 100,
                        1000 Berlin 39